ちくま新書

発想の整理学
——AIに負けない思考法

山浦晴男
Yamaura Haruo

1505

発想の整理学——ＡＩに負けない思考法【目次】

はじめに

†渾沌を打開するために

かつて、文化人類学者の川喜田《かわきた》二郎氏は「ＫＪ法」を創案しました。これは情報をカードに記述し、そのカードをグループごとにまとめて、図解し、論文などでアウトプットするための手法です。共同作業にもよく用いられ、創造性開発、創造的問題解決の方法として広く知られています。

わたしは一九七〇年代から八〇年代にかけて、創案者の川喜田氏のもとで、その「ＫＪ法」の普及と研究に携わりました。

日本が敗戦から復興をとげていく高度成長期の真っただ中、欧米先進国をモデルに、「追いつき追い越せ」のスローガンのもと威勢の良い時代でした。ＫＪ法は製造現場を中心とした品質管理の小集団活動（ＱＣサークル活動）の話し合いの方法として普及し、さらには、スタッフ部門や研究開発部門の創造性開発の方法として広がりは産業界にとどまらず、公務員や教育に携わる人たちから、宗教組織や警察・機動隊といった人たちまで様々な分野に及び、一世を風靡《ふうび》しました。

しかしその後、裾野が広がるにつれて「なんちゃってKJ法」と自嘲気味に言われるような状況が生まれ、「KJ法」は形骸化の一途をたどってしまいました。今では、「KJ法」の洗礼を受けたことのある四〇代から六〇代の人から「まだKJ法を使っているの⁉」と言われたり、一〇代から三〇代の若い世代に「KJ法って知ってる?」と聞くと、「それって何?」と返されたりします。

折しも欧米先進国のモデルに追いついてしまった日本は、この先の社会のビジョンが描けずにいます。この状況に追い打ちをかけるように、情報技術(IT)をはじめとしたテクノロジーが急速に進歩しています。その結果、社会の先行きは予測が困難で、不確実性、不透明性を増し、いわゆる「社会のVUCA化」が進んでいます。

この用語はもともと、一九九〇年代後半からアメリカの軍事用語として、今日の世界情勢を説明するために用いられたものだと言われています。その後、ビジネスの世界でも、経営環境や個人のキャリアを取り巻く状況を表現する用語として使われるようになりました。Volatility(変動性)、Uncertainty(不確実性)、Complexity(複雑性)、Ambiguity(曖昧性)の頭文字で構成されています。これらを一言で「渾沌《こんとん》」と表現できます。

実は一九七〇年代から八〇年代に産業界を中心に受け入れられたKJ法の本当の力は、

対象の「渾沌」とした状況から「秩序」を見出す方法なのです。川喜田氏は文化人類学者であったことから、学問の研究方法論としてこれを創案しました。つまり、野外調査から得られたバラバラなデータをまとめ、全体像を把握する方法です。まさに「渾沌とした実態を捉える」方法と位置付けることができます。それゆえＫＪ法は「社会のＶＵＣＡ化」への有効な対処方法ともなるのです。

ＫＪ法が一世を風靡した後の一九九一年、わたしは川喜田氏が主宰する研究所を離れて、企業の人材育成や地域再生の支援、看護系を中心とした質的研究の支援に携わりました。その間にＫＪ法を実践的に活用するなかから、それに準拠しつつ質的データを用いた研究法として「質的統合法」を体系化し、その普及に努めてきました。「質的データ」というのは、事例的、記述的なデータを指します。様々な現象を数値化、数量化した「量的データ」と対をなすものです。

しかし渾沌とした状況を打開するためには、そこに秩序を見出して実態を把握するだけでは事足りません。なぜそのような実態になっているのか、その「背景要因や原因、事の本質、実態が意味する真意」がわからなければ、対処の方向を間違えてしまいます。

それを見極める対処法として、考察の技術である「ロジカル・ブレスト法」を開発しました。それは「深く考える方法」と位置付けることができます。さらには、その本質を踏まえて「ありたい姿」（ビジョン）、そのための「解決の手立て」（解決策）を見出す「コスモス法」を開発しました。これは「企画を立てる方法」と位置付けることができます。

これら「質的統合法」「ロジカル・ブレスト法」「コスモス法」の三つは、わたしたちの生命活動にそなわった、「考える」という行為を支援する発想の方法です。いま様々な書物やマスコミは、専門職業務の多くがビッグデータや人工知能（ＡＩ）、ロボットに取って代わられるのではないかと不安を煽っています。しかし、ＡＩがどんなにすぐれていても、「考える」という行為に取って代わることはできません。自ら考え、行動する。そこからわたしたちの生きがいや働きがいも生まれてくるのです。

本書の構成

本書の構成を以下に示します。

第一章では、「ＡＩに負けない仕事とは何か」を改めて考えてみます。

第二章では、ＡＩの急速な進展がもたらす社会の混乱や渾沌とした状況を脱する方法としてＫＪ法を再検討し、再評価します。その上で、ＫＪ法に準拠した「質的統合法」を用いることで、渾沌とした実態を論理的に把握することができることを実例で示し、誰もが使うことができる方法として解説します。また、その応用として写真を用いた「写真分析法」も紹介します。

第三章では、実態の把握を踏まえ、深く考えるために「ロジカル・ブレスト法」と呼ばれる、背景要因や原因、事の本質、実態が意味する真意を掘り下げつつ、アイデアを発想する方法を解説します。これはＩＴ社会に対応すべく、パソコン上で気軽に深く考える作業ができる方法です。

第四章では、問題や課題の解決策や何らかの結論を導くために「コスモス法」と呼ばれる「企画を立てる方法」を解説します。また、アイデアを絵にして発想を促す「イラストアイデア法」も紹介します。

第五章では、これら三つの発想法の練習法を解説し、習得の道筋を示します。その上で、ＩＴの進展に伴う情報化社会の中でも応用できるよう、発想法が日常的にどのように使えるか紹介します。

わたしたちの潜在能力は無限大です。それを信じ、本書の提案を、ＡＩに負けないための武装の一助にしていただけたらと思います。

第一章

AIに負けない仕事とは何か

1　AIに負けない仕事のやり方

†スマホとタブレットが仕事のやり方を変える

わたしたちを取り巻く今の世界は「情報化社会」だと言われ、インターネットをはじめとした情報技術（IT）に支えられた情報過多の時代に突入しています。しかしそこから入ってくる情報は、すべてが「間接情報」（「二次情報」あるいは「三次情報」）、つまり誰かが加工した情報で、わたしたちが自分の五感で入手している「直接情報」（「一次情報」）ではありません。

人工知能（以降はAIと表記します）に負けないためには、この「直接情報」がまずは大事だと思います。つまり、わたしたちが生活している現場から自ら入手する情報こそ、第一に重要視する必要があります。社会の変化は現場で起こっており、まずはそれを五感でキャッチしたいものです。

例えば皆さんの現場で、こんな変化が起きていませんか。

インターネットで注文した品物を宅配業者が届けてくれます。これまでは配達伝票にボールペンでサインを求められました。ところが最近の配達員は、スマートフォンの画面にプラスチックのペンでサインを求めます。

また、生命保険会社の女性営業員が、契約の更新に訪ねてきます。保険商品の説明は、タブレットの画面を見せながらします。更新の契約条項もタブレットの画面で確認を求められ、ここでも確認の証は画面にプラスチックのペンでサインをします。

あるいは、コピー機の修理を依頼すると、技術者がすぐに駆け付けて修理してくれます。修理が終わると、同様にタブレットの画面にサインを求められます。従来は、紙にサインか印鑑を押していました。加えて、コピー機は電話回線で随時使用状況や不具合の状況を確認し、必要に応じ定期点検に来てくれます。

最近マックのパソコンを入れ替えたのですが、紙のマニュアル本はついてきません。マイクロソフトの「オフィス」を購入しましたが、プロダクトキーが記載された小さな紙のカードを使い、インターネットでダウンロードする仕組みになっています。また、メールの接続設定は不慣れなためプロバイダーに相談したら、フリーソフトを入手すればプロバイダーの担当者が遠隔操作で設定できるというので、お願いしました。電話で指示を受けながら入力をするのに合わせて担当者が操作し、わたしのパソコン画面でカーソルが動き、設定が進められていきます。

これはわたしが実際に体験した「直接情報」で、スマホやタブレット、そして情報技術が仕事のやり方を大きく変え始めているという事実です。

ここから見えてくることは、これから情報管理の仕事は通信回線を使ってコンピュータですべて管理・処理する方向に変化していくということです。つまり、定型的な情報管理・処理の仕事は、今後ますますなくなります。逆に、営業（対人関係を必要とする）や物流（物品を届ける）、技術（駆動・保守・点検）のサービス業務は現段階ではなくならないということも推察できます。

†ビッグデータ・人工知能・ロボットが社会を変える

このように、スマホやタブレットがわたしたちの仕事のやり方を大きく変えつつあります。わたしたちは画面の向こう側にある社会システムを直接目にすることはできませんが、ビッグデータやＡＩが存在し、社会を変える原動力になっています。その実際の姿は、書籍やマスコミ、インターネット上の情報を介して知ることができますが、それはわたしたちにとってはあくまで「間接情報」です。

しかし、間接情報だからといって現実を反映していないわけではありません。問題は、誰がどのような目的と意図でどう情報を加工し発信しているかです。その情報源の信頼度が、間接情報の信頼度に関わってきます。信頼度を確認したうえで間接情報を使うことは大いに有益です。このように、直接情報と信頼できる間接情報をもとに、社会の状況を把握していく必要があります。

いま、書物やマスコミが、専門職業務の多くがビッグデータやAIに取って代わられるのではないかと不安を煽っています。しかし、それは本当なのでしょうか。そしてこれからの社会はどうなるのでしょうか。

まずは、わたし自身がどのように対応していったらいいか考えるために「羅針盤」を作ってみようと考えました。直接情報を持ち合わせていないので、間接情報である以下の九冊を情報源としました。最近刊行されたものを主として、著者が著名かつそれぞれの分野の専門家だということを信頼の物差しにして選びました。

(1) 森川幸人『イラストで読むAI入門』ちくまプリマー新書、二〇一九年
(2) 宮崎正弘『AI監視社会・中国の恐怖』PHP新書、二〇一八年
(3) 榊原英資・竹中平蔵・田原総一朗『AIと日本企業——日本人はロボットに勝てるか』中公新書ラクレ、二〇一八年
(4) 中谷巌『「AI資本主義」は人類を救えるか——文明史から読みとく』NHK出版

新書、二〇一八年
（5）鈴木貴博『「ＡＩ失業」前夜――これから5年、職場で起きること』ＰＨＰビジネス新書、二〇一八年
（6）松原仁『ＡＩに心は宿るのか』インターナショナル新書、二〇一八年
（7）山口周『世界のエリートはなぜ「美意識」を鍛えるのか？――経営における「アート」と「サイエンス」』光文社新書、二〇一七年
（8）井上智洋『人工知能と経済の未来――２０３０年雇用大崩壊』文春新書、二〇一六年
（9）浅田彰・黒田末寿・佐和隆光・長野敬・山口昌哉『科学的方法とは何か』中公新書、一九八六年

これらのタイトルを見ただけでも、ＡＩがもたらす社会の変化が不安になります。また、ＡＩは科学的な探求の産物であることから科学的な基礎情報も必要と考え、（9）を加えました。なお（7）に挙げた本は、ＡＩの対極にある人間ならではの感性を論じていることから、参考文献としました。

ここから社会の変化を示唆する九〇項目のデータを拾い出しました。これらのデータは

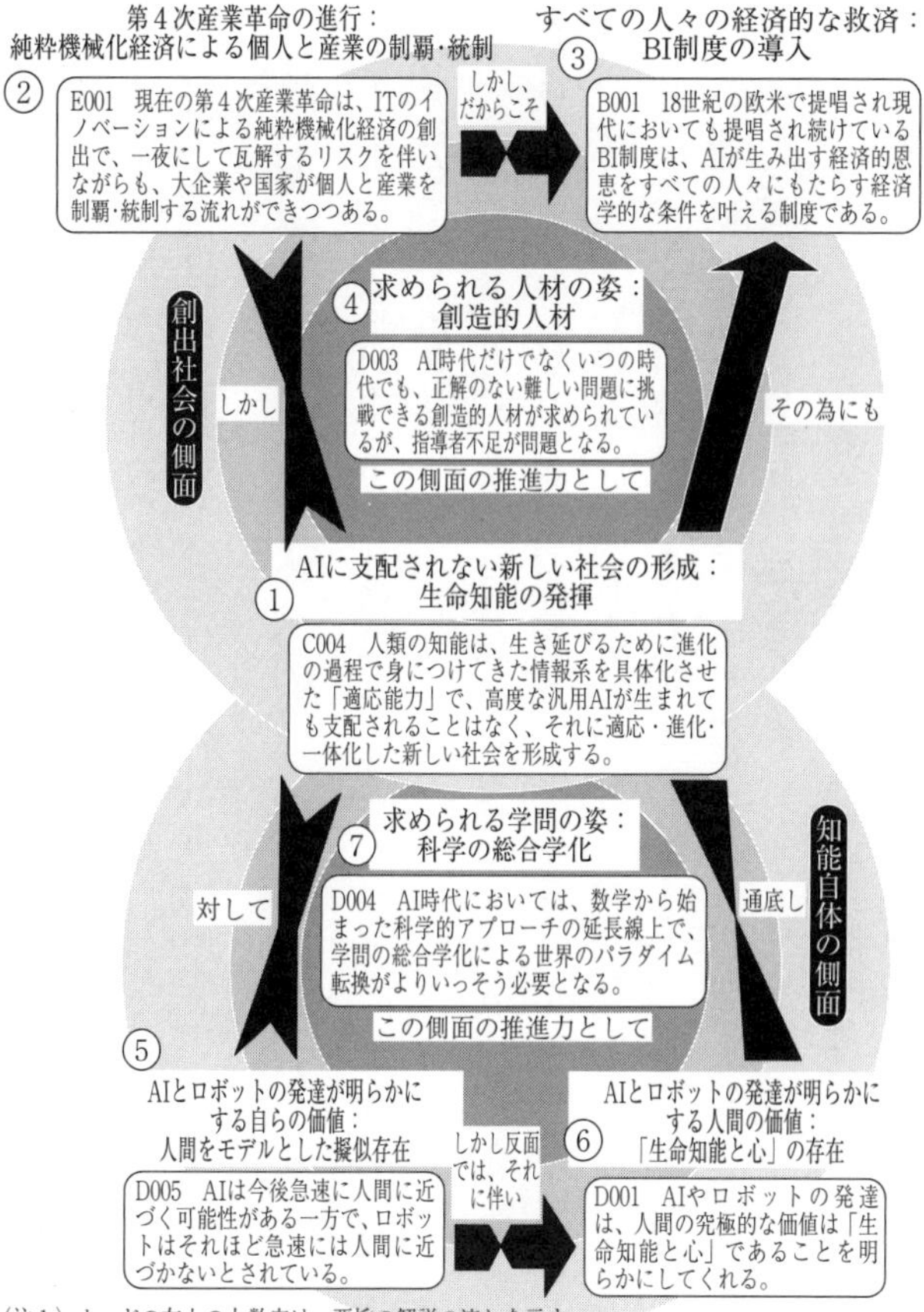
第４次産業革命の進行：
純粋機械化経済による個人と産業の制覇・統制
②
E001　現在の第４次産業革命は、ITのイノベーションによる純粋機械化経済の創出で、一夜にして瓦解するリスクを伴いながらも、大企業や国家が個人と産業を制覇・統制する流れができつつある。
しかし、だからこそ
すべての人々の経済的な救済：
BI制度の導入
③
B001　18世紀の欧米で提唱され現代においても提唱され続けているBI制度は、AIが生み出す経済的恩恵をすべての人々にもたらす経済学的な条件を叶える制度である。
創出社会の側面
しかし
求められる人材の姿：
創造的人材
④
D003　AI時代だけでなくいつの時代でも、正解のない難しい問題に挑戦できる創造的人材が求められているが、指導者不足が問題となる。
この側面の推進力として
その為にも
AIに支配されない新しい社会の形成：
生命知能の発揮
①
C004　人類の知能は、生き延びるために進化の過程で身につけてきた情報系を具体化させた「適応能力」で、高度な汎用AIが生まれても支配されることはなく、それに適応・進化・一体化した新しい社会を形成する。
求められる学問の姿：
科学の総合学化
⑦
D004　AI時代においては、数学から始まった科学的アプローチの延長線上で、学問の総合学化による世界のパラダイム転換がよりいっそう必要となる。
この側面の推進力として
対して
通底し
知能自体の側面
⑤
AIとロボットの発達が明らかにする自らの価値：
人間をモデルとした擬似存在
D005　AIは今後急速に人間に近づく可能性がある一方で、ロボットはそれほど急速には人間に近づかないとされている。
しかし反面では、それに伴い
⑥
AIとロボットの発達が明らかにする人間の価値：
「生命知能と心」の存在
D001　AIやロボットの発達は、人間の究極的な価値は「生命知能と心」であることを明らかにしてくれる。

（注１）カードの左上の丸数字は、要旨の解説の流れを示す。
（注２）カードの文頭のABCDEの記号は、小から大グループへと統合された階層レベルを示す。

図１　人工知能（AI）社会の行方の羅針盤：わたしたち人類はAIの軍門に下ることはない

そのままではバラバラな断片情報であり、「渾沌」とした状態しかありません。それを本書の第二章で解説する「質的統合法」を用いて、図1のような「秩序」立った全体像にまとめてみました。九〇項目のデータを七項目に集約したので、かなり抽象的になっていますが、まずは俯瞰図として見ていただくといいと思います。

†AI社会の羅針盤——わたしたち人類はAIの軍門に下ることはない

ＡＩがもたらす世の中の方向性は、「創出社会の側面」と「知能自体の側面」の両側面が対をなして映し出されました。

参考文献の著者たちによれば、これからの方向として「ＡＩに支配されない新しい社会の形成」が、わたしたち人類の「生命知能の発揮」によってもたらされます。人類の知能とは、生き延びるために進化の過程で身につけてきた情報系を具体化させた「適応能力」で、高度な汎用ＡＩが生まれてもそれに支配されることはなく、適応・進化・一体化して新しい社会を形成します。ここで「生命知能」という用語は人類の知能を指し、「人工知能」と対称性をなすように表現した造語です。

しかし現在浮上している「第四次産業革命の進行」は、「純粋機械化経済による個人と産業の制覇・統制」の様相を示しています。現在の産業革命とは、ＩＴのイノベーションによる機械化経済の創出であり、それは一夜にして瓦解するリスクを伴いながらも、大手企業や国家が個人と産業を制覇・統制する流れができつつあります。

ここで言う「大企業」とは、わたしたちがよく知っているアマゾンやグーグル、マイクロソフト、フェイスブック、そしてＩＢＭなどです。また「国家」としては、中国が挙げられていて、ＡＩ監視による人民管理体制の危うさが危惧されます。もしそうなれば、中国一国の問題ではなく、世界的な問題としてわたしたちにも影響が及ぶリスクが伴います。

しかし、このように大手企業や国家が個人と産業を制覇・統制する流れができつつあるからこそ、「すべての人の経済的な救済」をすべく「ベーシックインカム（ＢＩ）制度を導入」する必要性があります。一八世紀の欧米で提唱され、現代においても提唱されているＢＩ制度は、ＡＩが生み出す経済的恩恵をすべての人々にもたらすための制度です。この制度は「ＡＩに支配されない新しい社会の形成」のためにも必要です。

ＢＩ制度は、竹中平蔵氏、井上智洋氏、鈴木貴博氏の三人が提唱しています。いずれも経済学者、経営戦略コンサルタントで、経済の専門家です。

鈴木氏は、ＢＩは「人工知能が人間の仕事の量の半分を肩代わりしてくれて、トータルの日本経済が生みだす付加価値の量は変わらない。経済はいまと同じ規模できちんとまわっていく。かつて手塚治虫がマンガ『鉄腕アトム』で描いたような、ロボットや人工知能と人間が共存し繁栄した未来。このような幸せな未来を実現するための経済学的な条件は何か？　それはＧＤＰの現状分と等しい一七〇兆円のベーシックインカムが国民に提供されればよい」とし、「今、考えるべきことはまさにこの巨大なベーシックインカム財源を実現するための、考え方の一大転換なのだ。わたしはこの問題の解決策として、以前から人工知能と人間の「同一労働、同一賃金」にして雇用者が人工知能に対して給料を支払うことを主張している」（鈴木二〇一八）。

そして、このように創出する社会の推進力として「求められる人材の姿」とは、「創造的人材」です。ＡＩ時代だけではなくいつの時代も、正解のない難しい問題に挑戦できる創造的な人材が求められているが、その指導者の不足が問題となります。

もう一方は「知能自体の側面」です。

先にふれた人類の「生命知能の発揮」に対して、「ＡＩとロボットの発達が明らかにする自らの価値」とは「人間をモデルとした擬似存在」です。ＡＩは今後急速に人間に近づく可能性がある一方で、ロボットはそれほど急速には人間に近づきません。

ロボットが人間に近づくための最大のネックは、これも鈴木氏によれば、「指」の再現が当面不可能なことにあります。このことはしかし反面では、それに伴い「ＡＩとロボットの発達が明らかにする人間の価値」を浮上させます。それは先にふれた生命知能と共通する「生命知能と心の存在」です。ＡＩやロボットの発達は、人間の究極的な価値が「生命知能と心」であることを明らかにしてくれます。

そして、このような知能の側面の推進力として「求められる学問の姿」とは、「科学の総合学化」です。ＡＩ時代においては、数学から始まった科学的アプローチの延長線上で、学問の総合学化による世界のパラダイム転換がより一層必要になります。

「西洋の合理主義が「科学」を作り出すことができたのは、数学という言語を持ち得たからにほかならない。数学という普遍言語で表記されたからこそ「科学」は、地球上どこでもだれにでもわかるものに成り得たのである。（古典的な）数学という言語体系に馴染みうるのは、要素還元かつ数量還元の可能な対象でしかありえない」（浅田他一九八六）。それゆえ、数学に基礎を置くＡＩの認識能力の限界が、そこに見てとれるのです。

以上のように間接情報の分析からは、ＡＩが進展した社会の先行きは大きく変化しますが、学問と人材養成、そして経済のあり方に課題を抱えながらも、わたしたち人類はＡＩの軍門に下ることはないでしょう。

†負けないための知的生産と生きがいづくり

「直接情報」の分析のところで取り上げた「定型的な情報管理・処理」の仕事というのは、

やっていて楽しいでしょうか。最初のうちは何も考えなくていいので楽なのですが、やがてマンネリ化して飽きてきます。そして嫌になります。苦痛になります。働きがいも生きがいもそこからは生まれません。そういう仕事は、ＡＩやロボットが取って代わってくれるのなら、大歓迎ではないでしょうか。

しかし、そのような業務を本職としている人にとっては、職がなくなることにつながり、一大事です。ＡＩについて調べていくと、よく目にする記述が、二〇一五年の野村総合研究所とイギリスのオックスフォード大学の共同研究の報告です。経理事務員やスーパーのレジ係、銀行の窓口といった例をはじめとして、特別の知識・スキルが求められない職業、データの分析や秩序的・体系的な操作が求められる職業は、ＡＩやロボットに取って代わられやすいとしています。二〇三〇年頃には、日本の労働人口の四九％が自動化される可能性があるといいます。

ここで示されているのは、まさに先に示した「定型的な情報管理・処理」そのものといえます。ＡＩに負けないためには、このような仕事からわたしたちは撤退することを覚悟することも必要ではないでしょうか。

ではそれに対して、どのような仕事ならなくならないのか。非常にわかりやすく整理して示してくれているのが、先ほど参考文献として挙げた井上智洋氏の著作です。彼はＡＩ

と経済学の関係を研究するパイオニアと言われている人です。「人間はそんな汎用AI・ロボットに負けないいくつかの領域を持つものと思われます。生命の壁が存在するなら、クリエイティブ系（Creativity、創造性）・マネージメント系（Management、経営・管理）・ホスピタリティ系（Hospitality、もてなし）という三つの分野の仕事はなくならないだろう」（井上二〇一六）としています。的確な捉え方で、示唆に富む指摘だと思います。

AIがもたらす社会の変化に対応すべく、このような業務の領域に挑戦し「生命知能」を発揮して適応していくことが、AIに負けない道筋です。これらは知的生産を必要とする領域（クリエイティブ系とマネージメント系）であり、人に喜ばれる領域（ホスピタリティ系）の仕事です。

わたしたちは、仕事を通して働きがい、生きがいを感じるからこそ、生きているという充実感を得ることができます。AIが得意とする仕事はAIに奪われるのではなく、むしろ積極的に引き渡し、生きがいある仕事に自らシフトしていきたいと思います。

2　人間がやらなければならない問題解決

†新しい成果を生み出す

ここまでは「直接情報」と「間接情報」を手がかりに、ＡＩ社会について考えてきました。次は、井上氏が指摘したＡＩやロボットには負けない領域の一つ「マネージメント系」の角度から、人間がＡＩに負けないためにはどのような配慮が必要か考えてみたいと思います。

「マネージメント」とは、戦後アメリカから日本の産業界に輸入された概念です。以前、帝人《ていじん》株式会社の教育部長をされた人から聞いた話ですが、アメリカの経営学を勉強しマネージメント教育プログラムを社内教育に導入して得た結論は、「マネージメント＝問題解決」だということでした。その後、様々なマネージメント論が議論され、日本の企業経営に貢献していています。アメリカ発のマネージメント論については多くの書籍が刊行されているのでそちらに譲ります。ここではわたし自身の実践経験の中から学び取ったマネージメントの考え方を、三つの観点から見てみます。

第一の観点は、課題解決そのものから見たマネージメント。第二は、課題解決に携わる一人ひとりの心の観点から見たマネージメント。第三は、課題解決は個人だけではなく多くは集団・組織で行うという観点から見たマネージメントです。

第一の観点からお話しします。

日本の宇宙開発は、宇宙航空研究開発機構が行っています。前身の宇宙開発事業団の時代に一時期、わたしは客員開発部員として日本の宇宙開発関係の仕事を支援したことがあります。そんな関係で、種子島からのロケットの打ち上げに関心を寄せて見ていました。

一九九八年二月、H2ロケットが六回目の打ち上げで、初めて失敗してしまいました。当然事業団内では事故調査委員会を組織し、各部署からイントラネットで情報を集めながら、原因の究明にあたりました。そのさなかのことです。夕食をともにしていた事業団の人が「また失敗をするかもしれない。非常に心配だ」と一言漏らしました。「みんなが一所懸命に原因を究明しているのに、なんと不謹慎な！」と内心思ったものです。

ところがです。翌年の一九九九年一一月のH2ロケットが七回目も失敗をしてしまったのです。新聞に「史上最悪の事故・制御失い破壊」と書かれる事態となりました。ロケットの推進を制御する装置にトラブルが発生。そのまま放置すると地上に落下して大爆発を起こす可能性があることから、地上からボタンを押して空中でロケット自体を爆発させたのです。先の発言が的中してしまい、「案の定！」と驚きました。

さらに翌年の二〇〇〇年二月には文部省宇宙科学研究所のM5ロケット（X線天文衛星）も失敗。これにも驚きました。

しかし、二〇〇一年八月のH2Aロケットは成功。翌年の五号機まで無事成功。ところが二〇〇三年一一月の六号機で再び失敗し、一年間打ち上げを凍結することになりました。このとき組織問題にもメスが入ったと聞いています。その後二〇〇五年二月の七号機から現在まで無事打ち上げに成功しています。

少し経過の話が長くなりましたが、問題はなぜ「また失敗をするかもしれない」という心配が的中してしまったのかです。事故調査委員会を組織して原因を究明しているにもかかわらず、です。

このとき学んだことは、事故の「原因追求」のアプローチだけでは問題は完全には解決しないということでした。もう一つ別のアプローチが必要です。二〇〇三年の事故を受けて、打ち上げを一年間凍結して取り組んだアプローチがそれにあたります。

結論はこうです。課題解決には二つのマネージメントが存在します。実はこの考え方は、起業学の専門家で多摩大学大学院名誉教授である田坂広志氏が、『「暗黙知」の経営』の中ですでに提示していました。

一つは、「西洋型の治療のマネージメント」です。問題を分析し、原因を究明する。そして、その原因を除去して問題解決に至るというものです。田坂氏はこれを「直線的思考の問題解決法」としています。事故調査委員会で取り組んでいたのはこのアプローチです。二〇〇三年の事故の対応のとき、すでに現在の宇宙航空研究開発機構に組織替えになっていましたが、わたしは筑波宇宙センターに呼ばれ事故調査に取り組む会議に同席しました。出席メンバーのほとんどが技術系の人たちで、「なぜなぜ問答」による原因追求の議論をしている姿を目にしたのです。

もう一つは、「東洋型の治癒のマネージメント」です。全体を観察し、構造を理解する。構造のツボを見つけて、その要所に治療を加えることで、全体が徐々に治癒するアプローチです。田坂氏はこれを「循環的思考の問題解決法」としています。物事はいったんうまくいくとどんどん良くなっていく。しかしいったん悪く進むとどんどん悪くなることから、これを循環的思考と呼んでいるのです。

この二つのマネージメントを比喩的に捉えるなら、ゲームセンターなどに設置されている「モグラたたきのゲーム機」になぞらえることができます。モグラが出てくるとハンマーで叩きつぶします。そうすると別のところからモグラが出てくるのでまた叩きつぶす。この繰り返しを楽しむのですが、原因を叩きつぶす繰り返しはいわゆる「対症療法」と呼ばれるもので、これが西洋型の原因追求とその除去です。もちろん原因を叩きつぶさないと、全く同じことが起こってしまうで、このアプローチは必然的に必要です。

それに対して後者は、モグラたたきの構造を理解し、ツボを見つけて構造自体の改善をはかろうとする東洋型のアプローチです。組織の体質改善が言われますが、その内容はこちらのアプローチにあたるのだと思います。

なお、この全体の構造を理解する方法が、第二章で紹介する「実態を捉える方法」になります。

課題解決には、このような二つのマネージメントが必要です。そして、このアプローチによって新しい成果を生みだせるのは、AIではなく、わたしたち人間なのです。

†「質的統合法」で家を買う

第二の観点は、「課題解決に携わる一人ひとりの心の観点から見たマネージメント」です。

個人情報保護の問題があるので、わたし自身の事例でお話しします。

ずいぶん昔のことですが、わたしの課題は、「結婚するにあたって新居をどうするか」でした。わたしにとって人生における切実な課題であり、どう舵をとったらいいか、「お先真っ暗」というのが本当のところでした。しかし、「何とかしたい！」という心静かに燃えるものがありました。

当時わたしは独身寮で生活していました。いよいよそこを出て、他に住居を求めなければならなくなったのです。独身時代は「家などいらない。家のために一生を費やすのは味気ない。テント生活で十分だ」と、いたって呑気にかまえていました。しかし、いざ家庭を持つとなると「テント生活というわけにもいくまい」と心境が変化し、現実感がぐっと押し寄せてきました。

それからしばらくの間は、日曜日の空き時間を使って物件を探しました。最初はある私鉄に乗って車窓からの街並み山並みを観て、気に入った風景の最寄り駅をチェックし、次いで目星をつけたうちの一つの駅で降り、あたりをぶらつく。選択肢は、公団、マンション、テラスハウス、一戸建て、民間アパート。賃貸がいいのか、購入がいいのか。新築か、中古か。

ここまではよかったのですが、ハタと困ってしまいました。何をどう見て、何をどう探していいのか。少しもわかっていない自分がそこにいたのです。そこで結婚する彼女に「どんなところに住みたいか」話を聞くことにしました。

山々に囲まれた地方都市のしゃれた手づくりスパゲティハウスで食事をしながら、彼女の話を聞きました。

「遠くに山が見えるところ」

「花屋と酒屋が近くにあったらいいな」

「できれば一生住めるところがいいと思うので、庭付きを強く望む」

「台所も広い所がいい」

「住宅費に月○○円位なら支払えそう」

東京に帰ってから、第二章で解説する「質的統合法」で彼女の希望二四項目をまとめると、居住プランのイメージが鮮やかに浮かび上がりました。それは、次の五つのシンボリックなイメージに集約されます。

「郊外」「自然のものたち」「一生住みたい」「駐車スペース」「無理のない住宅費」

願望にもとづく居住プランがわかったとしても、次の問題として、当時の住宅事情がどうなっているか把握しないことには、どのような選択をしたらいいかわかりませんでした。そこで最も気に入った風景の最寄り駅沿いの不動産屋を尋ねて、取材しました。

「マンションなら交通の便がよく、日当たりのいい物件が価値が出る」

「金利などを考えると、いまは一般に借りた方がいい」

「アパートに住み、当分土地だけを買っておく人もいる」

「ここ一〇年間は、海の砂を使っているので鉄筋はダメ」
「一戸建てを買う場合、頭金は三分の一」
「家をどう選ぶかは、その人の生き方だ」

一時間ほどの取材で、四五項目もの情報が入手できました。ここでも質的統合法を用いて全体像をまとめました。そこから浮かび上がった結論は、「無理をしても土地付き一戸建て」というものでした。

彼女の願望にもとづく居住プランと、不動産屋からの取材の結論と、手持ち資金の財政状況を勘案し、「新居には、土地付き一戸建てを購入する」という判断に至り、決断をしました。

そこで早速、気に入った景観の最寄り駅周辺で物件探しに着手しました。五〜六軒の不動産屋にあたったのですが、異口《いく》同音に「あなたの予算では無理です。諦めなさい」と言われてしまいます。しかしそれまでの取り組みで「新居には、土地付き一戸建てを購入する」ということが信念になっていたので、住宅情報誌から予算に合う中古の一戸建てを見つけ、不動産屋を尋ねて物件を紹介してもらい、購入を決めました。

中古なので、少し改造とハウスクリーニングを行ってから入居しました。彼女の願望にもとづく居住プランの八割は実現できたのではないかと自己評価しています。

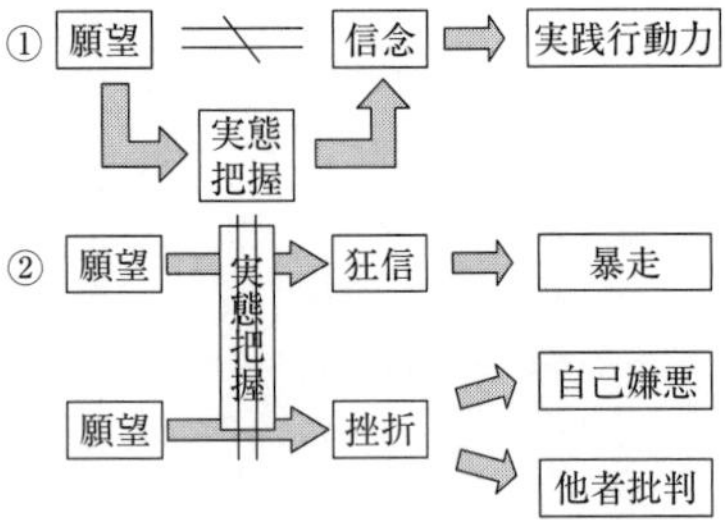

①
願望
信念
実践行動力
実態把握
②
願望
実態把握
狂信
暴走
願望
挫折
自己嫌悪
他者批判

図2　願望と信念は異なる

願望と信念は異なる

この事例を企業のマネージメント研修で話し始めた当初、受講者から次のような質問を投げかけられました。

「不動産屋に取材して質的統合法で情報をまとめたそうですが、あなたはなぜそんな面倒なことをするのですか。結論とされた「無理をしても土地付き一戸建て」という内容は、誰もが望んでいることです。あえて面倒なことをしなくてもいいのではないか」

その場でハタと立ち往生してしまいました。実はこのとき、それこそがマネージメントにおいて心の健康を保つ上で重要なポイントだ、と気づかされたのです。右の図2を参照してください。

図2の①は、「願望と信念は異なる」ということを表しています。願望を踏まえて実態を把握することで的確な判断がもたらされ、信念がつき固められます。信念がなぜ重要かというと、実践行動力をもたらすからです。職場では実践行動力のない人は評価されません。この事例で言うなら、不動産屋から「無理だ」と言われても、信念がつき固められて

いたから、諦めずに目標が達成できたことに見て取れます。

もし仮に実態把握をせず願望のまま走ると、二つのうちのいずれかの結果がもたらされます。図2の②で示しているのは、「願望のまま狂信して走ると暴走する」ということです。例えば、一九九〇年代初めにバブルが崩壊し、一億円の物件が二分の一以下の価格に下落するケースが現われました。仮にバブル期に「無理をしても土地付き一戸建て」という願望を狂信してしまった場合、結果論ですが、大変悲惨な目に遭うことになっただろうと思います。

もう一つの結果として、「実態把握なしに願望のまま走ると挫折する」ケースが多くなります。そうするとわたしたちの心の反応は二つに分かれます。一つは「自分はダメだ、自分には能力がない」といった自己嫌悪、もう一つは逆に「誰それが悪い」といった他者批判です。組織にいる人なら、「上司が悪い」といった具合です。いずれも願望の実現はほど遠いことがわかります。

このように心の健康を保つためには、マネージメントにおいては実態把握がいかに重要かわかります。

†寄りあいワークショップの六つのステップ

課題解決は個人が携わると同時に、集団・組織で行います。第三の観点は、集団・組織の観点から見たマネージメントです。

わたしは二十数年来、企業や行政の人材育成とともに、地域再生に携わってきました。地域住民が内発的に地域再生に取り組めるよう、住民主体の問題解決法を実践的に開発し、それを「寄りあいワークショップ」と呼んでいます。

古来日本は「寄りあい」によって地域運営をしてきました。それは非常に民主的な話し合いの方法で、祭りや行事、道づくりや川掃除といった伝統的な活動についての話し合いの場になっています。しかし、地域を取り巻く状況が激しく変化しているにもかかわらず、それにどう対応していくのか、自分たちの地域の将来はどうするのか、話し合うことはほとんどないのが実情です。そこで従来の「寄りあい」の民主的な方法を活かしながら、新たな課題の解決に向けて話し合う方法を開発しました。

「寄りあいワークショップ」の手法を用いて住民と一緒に地域再生に取り組むなかで、集団・組織におけるマネージメントにはどのようなことが大切なのかを学びました。そこでまず「寄りあいワークショップ」の概略を説明します。図3を参照してください。

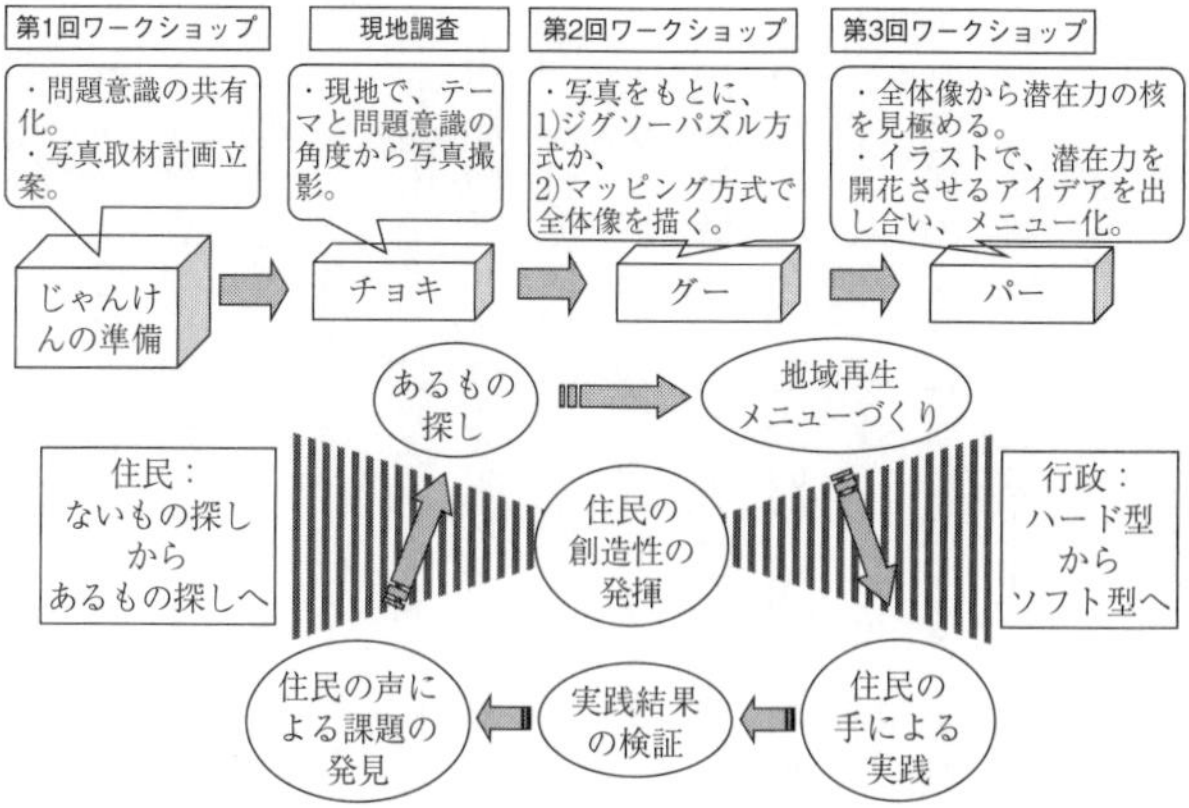
第1回ワークショップ
現地調査
第2回ワークショップ
第3回ワークショップ
・問題意識の共有化。
・写真取材計画立案。
・現地で、テーマと問題意識の角度から写真撮影。
・写真をもとに、
1)ジグソーパズル方式か、
2)マッピング方式で全体像を描く。
・全体像から潜在力の核を見極める。
・イラストで、潜在力を開花させるアイデアを出し合い、メニュー化。
じゃんけんの準備
チョキ
グー
パー
あるもの探し
地域再生メニューづくり
住民：ないもの探しからあるもの探しへ
住民の創造性の発揮
行政：ハード型からソフト型へ
住民の声による課題の発見
実践結果の検証
住民の手による実践

図3　寄りあいワークショップの手法：じゃんけん方式

住民に理解してもらいやすいように、「じゃんけん方式」とニックネームをつけています。じゃんけんの手を順番に使って進め、三回のワークショップを行って実施直前まで導きます。

ステップ1は、「第一回ワークショップ」で行う「じゃんけんの準備」の段階です。住民が抱えている悩みや問題、将来どのような地域にしたいのかの願望を互いに語り合い、その中で重要だと感じている事柄をカードに書きます。

次いで、カードを読み上げながら、壁面上に張り出した模造紙に、似た意見をグループにしつつタイトルをつけます。グループ間の関係を見出しながら、意見の全体像（「意見地図」）を描きます。その上で、どの意見のグループが重要なのか、各自五点制（五点から一点の重みづけ）で投票・評価します。その得点の高い上位三〜五項目を、重点課題と見定めます。

ステップ2は、「現地調査」です。重点課題を解決するためには、自分たちの地域にどのような資源や宝物があるか、どのような改善箇所があるか、写真を撮影します。シーンを「切り取る」ことから「チョキ」の段階と呼んでいます。

ステップ3は、「第二回ワークショップ」。取材した写真をもとに、自分たちの地域の姿を把握します。「握る」と書くので「グー」の段階と呼んでいます。撮影した写真は断片情報なので、それらをジグソーパズルのように組み立て、模造紙に貼って見える形にします。これで地域の実態の全体像（「資源写真地図」）が浮かび上がります。

ステップ4は、「第三回ワークショップ」です。じゃんけんの準備の段階で把握した重点課題を解決するために、「グー」の段階で把握した資源や改善点を使って、どのようにしたらいいか、解決のアイデアを描き出します。アイデアを大いに「広げよう」という意味で、これを「パー」の段階と呼びます。

紙芝居のように、目指す姿やそれを実現する手立てを絵に描き、具体的にどのような手を打つか解説文を書きます。そこにタイトルと発案者名も記入します。みんなでアイデアのカードを持ち寄り、似ているアイデアをグループにしてタイトルをつけます。グループ間の関係を見出しながら、アイデアの全体像（「アイデア地図」）を描きます。

その上で、どのアイデアのグループから優先的に取り組んでいくのか、各自五点制（五点から一点の重みづけ）で投票・評価します。得点の高い一〇項目を対象に、「実行計画」を作成します。アイデア項目ごとに、①難易度（住民が取り組むのに難しいか易しいか）、②実現の目標時期（短期・中期・長期いずれをめざすか）、③実行主体（住民・行政・両者の協働のいずれか）を見定めます。その上で、④当面どのアイデアから着手していくのかの着手順位を決めます。

ステップ5は、作成した実行計画をもとに、住民主体で実践に向けて行政の支援を得ながら取り組んでいきます。実践に並行して、取り組みの様子や結果、成果、見えてくる新たな改善点や資源の写真を撮影します。

ステップ6は、撮影した写真を用いて結果の検証を行い、実行計画のバージョンアップ版を作成し、第二サイクル目の実践へと進めます。

ここまでが「寄りあいワークショップ」のやり方です。詳細について関心のある人は、拙著『地域再生入門――寄りあいワークショップの力』（ちくま新書）を参照してください。

和歌山県ではこの方法を導入して一五年目を迎え、徳島県は五年目を迎えます。いずれも農山漁村の産業再生の側面から導入を決めました。現在では、高齢化社会を迎えて、高齢者支援の医療・看護・介護・福祉の領域でも導入が始まっています。同時に、大学病院

順位	第1回ワークショップ		第2回ワークショップ		第3回ワークショップ	
1	WSの前進に期待	74%	地元認識の深まり感	75%	実現の段取り段階へのステップアップを（皆の参加・協働へ：15%）	51%
2	理想と地域の現実のギャップに悩み	17%	参加・協働の組織力への期待	14%	地域づくりの思いと中身は見えつつある	21%
3	行政と地域の連携の仕組みの明確化	5%	自己成長感	5%	後世に継承できる地域の元気づくり	17%
4	地域事情対応型WS	3%	WSの徒労感	2%	WS方式路線に手応え	8%
5	内内・内外の連携の重要性の自覚	1%	作業の疲労感	2%	皆と未来を思いやる心の必要性の自覚	2%
6			身を託せる進め方を！	2%	楽しかったWS	1%

図4　寄りあいワークショップは集団・組織の連帯を促す

の看護部組織でも問題解決手法として導入されています。

†解と合意の創造

問題解決法の説明が長くなってしまいましたが、実践の現場では、ワークショップのたびに参加者に感想を書いてもらっています。和歌山県の初年度に取り組んだ一〇地区の感想を質的統合法でまとめた結果、集団・組織のマネージメントで大切なことが見えてきました。図4を参照してください。三回のワークショップごとに多かった感想をキーワードで表現しています。

第一回の第一位は「ワークショップ（WS）の前進に期待」する感想が七四%を占めています。最初なのでワークショップに期待を抱いてもらえたことは、ねらい通りです。注目点は、第五位の「内内・内外の連携の重要性の自覚」を示す感想が一％現われていることです。注目の理由は、後で説明します。

第二回の第一位は「地元認識の深まり感」で、七五％を占めています。住民が自ら写真取材をして地域の状況を把握したので、ここもねらい通りです。注目すべきは、第二位の「参加・協働の組織力への期待」が一四％を占めていることです。第一回の「内内・内外の連携の重要性の自覚」に共通する内容が二位に浮上しています。

第三回の第一位「実現の段取り段階へのステップアップ」が五一％、第二位は「地域づくりの思いと中身は見えつつある」が二一％。合わせると七二％になります。いずれも実行の方向に意識が向かい始めている点で、ねらい通りです。注目すべきは、第一位の中に含まれている「皆の参加・協働へ」が一五％を示していることにあります。第一回、第二回の注目点と共通する内容です。共通点は、住民の「連帯感」がワークショップによって醸成されていく姿、あるいは、改めてその必要性を自覚していく姿とも見ることができます。

地域社会は、年齢も職業も価値観も多様な人々で構成されています。そのような集団・組織において、「みんなで協働して取り組んでいこう」という連帯感の醸成がいま最も必要とされています。その意味で、「寄りあいワークショップ」のような仕組みは重要なマネージメントシステムとなります。

　ではなぜ連帯感が生まれるのでしょうか。第一回ワークショップではどの意見のグループが最も重要か、重要度の評価をします。第三回ではどこから優先的に取り組んでいくか、取り組みの優先度の評価をします。自分が投票した重要度や優先度と全員の投票結果を比較して、両者がほとんど違わないと思う人にその場で手を挙げてもらうと、ほとんどの人が手を挙げます。ときとして、一人二人は、みんなと違うという人がでてくる程度です。

　これは、この作業によって合意形成が促進され、連帯感が醸成されるということを意味します。自分の考えていることはみんなとそんなに違わないと確信できると、わたしたち日本人は猛烈に元気と意欲が湧き、生き生きと課題解決に取り組めるのだと思います。

　マネージメントの観点から「寄りあいワークショップ」のシステムを改めて整理してみると、右の図5のように二つの側面から成り立っていることが見えてきます。

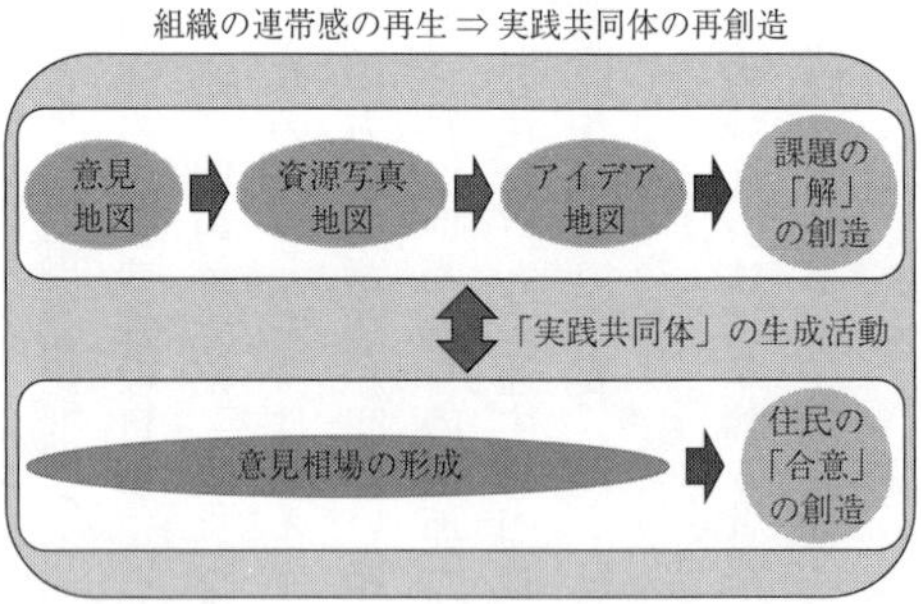
組織の連帯感の再生 ⇒ 実践共同体の再創造
意見地図
資源写真地図
アイデア地図
課題の「解」の創造
「実践共同体」の生成活動
意見相場の形成
住民の「合意」の創造
図５　寄りあいワークショップの機能構造

一つは「課題の「解」の創造」の機能、もう一つは「住民の「合意」の創造」の機能です。これがセットになることが、集団・組織のマネージメントにとって重要だと考えます。

地域には色々な人がいます。どんなに解が適切であっても住民の合意が得られなければ正解にはなりません。かといって合意が得られても解が適切でなければ課題解決はうまくいかず、正解になりません。両者がセットになることが必須になります。

企業組織の場合は、少し事情が異なります。多少合意が甘くても解が適切であれば、トップがゴーと言えばうまくいきます。ただし、従業員の合意をないがしろにし続けるとやがて意欲が削がれ、集団・組織の活力がなくなっていきます。その意味では、企業組織といえどもできるだけ両者がセットになった方法が求められると思います。

ここに日本人の集団・組織を生き生きさせるマネージメントのポイントがあります。

3　問題解決に必要な発想の整理

†「さばく仕事」はＡＩに任せる

仕事は、大別して二つに分かれます。一つは「さばく仕事」です。もう一つは「知恵を働かす仕事」です。前者から説明しましょう。

わたしたちの記憶を司るのは頭の部分です。「知識の収納庫」といってもいいでしょう。歴史的には、「図書館」がこの機能を担ってきました。ＩＴ社会では、「ハードディスク」がそれに相当します。わたしたちの頭の記憶内容は、大別して三層になっています。

第一層目は、「専門知識」です。わたしたちの頭の中には専門知識が事細かく細部まで集積されています。しかもきちんと整理されてストックされています。いわゆる「体系化された知識」です。体系化されているので、必要なときにすぐ取り出して現実に適用することができます。だから専門家として通用するわけです。「専門を掘り下げる」という言い方がなされることから、「縦の深さ」あるいは「奥行き」において特徴があります。

ただしそれには弱点があります。世間でよく言われることですが、「専門馬鹿」になりかねないという点です。専門分野のことには詳しいが、それ以外は極端に言うと社会生活もままならない。いささか極端過ぎるかもしれませんが、そのような弱点を持っています。

第二層目は、その弱点を補うことができる「教養知識」です。専門知識ほど事細かく細部まではいきわたっていませんが、それなりに知識が整理されています。一般に「幅広い教養」という言葉があるように、「横の広がり」において特徴があります。幅広い知識を動員して多角的に問題や課題を考えることができます。

第三層目は、「経験知識」です。一人ひとりが生まれたときから現在まで、様々な経験を通して蓄積してきた知識です。膨大に集積されており、「量」において特徴があります。ただし、これは必要なときにすぐには取り出しにくいという弱点があります。しかし、同時に非常に重要な役割を担っています。問題や課題の解決に向けて「知恵が湧く源泉」になるのです。

このような三層の知識の収納庫を携えて、現場で様々な問題に遭遇します。さてどうするか。「この問題ならこの知識を使ったらうまくいくだろう」ということで知識の収納庫から役立ちそうな知識を取り出し、現実に適用します。そしてうまく解決に至るルートを見つけ出すことが、「さばく仕事」です。

これは、次から次へとやってくる問題や課題を前に、収納庫にある知識を用いて判断し、

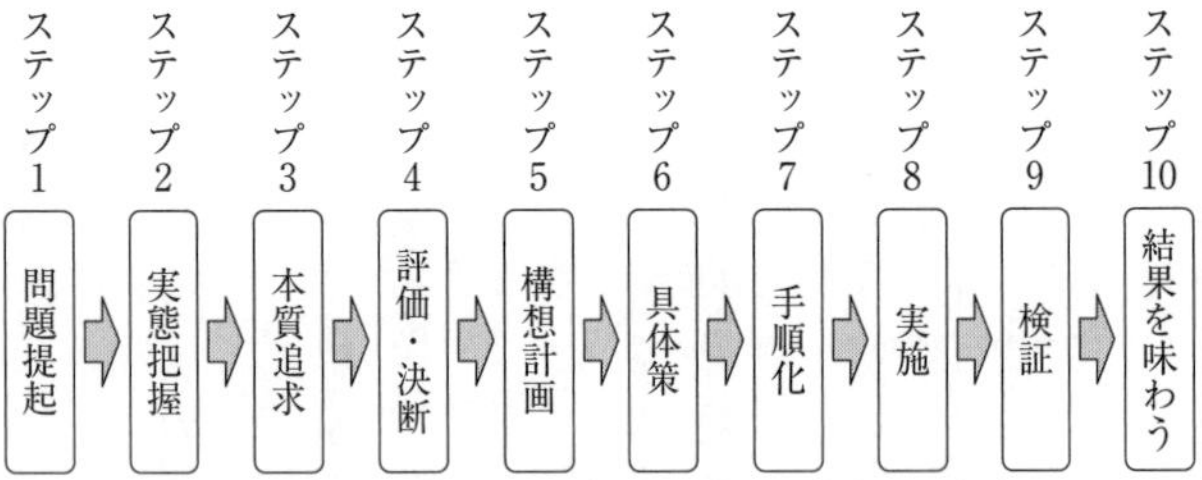

図6　創造的な問題解決プロセス：知恵を働かす仕事のやり方

解決の処方を繰り出していく仕事のやり方です。この能力を高めるためには、知識をより豊富にしていくことが手立てとなります。学校教育は、主にこの問題解決能力を育成する機関になっているわけです。

この種の「さばく」仕事がＡＩに取って代わられていきます。だから、この領域は積極的にＡＩに任せていくのがいいのです。

†「知恵を働かす仕事」は人がやる

「経営とは、変化への対応と後進の育成である」

尊敬する中小企業の経営者から教えてもらった言葉です。

収納庫に集積された知識は、はたして時代や状況の変化に対応できるでしょうか。特に現在のように社会や人々の意識が大きく変化し、急激に変化する状況のもとでは、従来の知識は必ずしも通用せず、しかも将来の予測が難しいので簡単には対応できません。これはＡＩにとっては不得意な分野で、人が知恵を働かせて対応していくしかありません。このプロセスが、図

6で示す「創造的な問題解決プロセス」です。順を追って流れを説明します。

ステップ1は、「問題提起」（作業：取材とまとめ）です。時代や状況の変化にぶつかると、これまでは持っていた知識でうまくいったのになぜ今度はうまくいかないのか、心に戸惑いが生まれます。手掛かりは、この戸惑いの中身を明確にすることにあります。問題や疑問に感じること、本当はこうなるといいなと願うこと、さらには好奇心から興味を抱いたことまで、心に抱いた事柄を書き出します。心の中を取材するのでこれを「内部探検」と呼びます。集団・組織であれば、関係者が集まって話し合ったり、あるいは関係者のところに出向いて取材したりします。収集した情報をまとめることで、問題意識の発掘・確認をします。

ステップ2は、「実態把握」（作業：取材とまとめ）です。ステップ1で発掘した問題意識はあくまでわたしたちが抱く心の「意識」であり、現場で起こっている「事実」そのものではありません。そこで現場に探検に出向いて取材・調査を行います。これが「外部探検」です。問題意識に関係する情報を、さらには関係がありそうな情報まで含めて収集します。収集した情報をまとめることで現場の実態を捉えます。

ステップ3は、「本質追求」（作業：考察とまとめ）です。実態が把握できても、なぜそのような実態が生じているのか、その原因や要因、事の本質は何か、あるいは、実態は何を語っているのか、その意味を深く考える必要があります。考え出した情報をまとめることで本質を見極めます。

ステップ4は、「評価・決断」（作業：肚《はら》を決める）です。実態の原因や要因、事の本質、真の意味が明確になり納得がいくと、解決に踏み出そうという決断がつきます。

ステップ5は、「構想計画」（作業：案出とまとめ）です。事の本質が見えたら、ではどのような姿を目指すのか。多角的に検討し、目指す姿を構想します。

ステップ6は、「具体策」（作業：案出とまとめ）です。次は、構想をどのような手段、手立てで実現するのか。具体的な解決策を案出します。

ステップ7は、「手順化」（作業：作業のリストアップと時間軸でのまとめ）です。具体策をどのような作業をどのような順番で実施するか。作業工程の手順化をはかります。一般にいうプログラムの作成です。

ステップ8は、「実施」です。手順に従って実施します。

ステップ9は、「検証」（作業：取材とまとめ）です。実施した結果がどうなったか、確かめる必要があります。結果を観察、取材・調査し、成果を確かめます。

そして最後はステップ10で、「結果を味わう」（作業：反省と評価）です。得られた結果と成果を味わいます。そして反省と評価を行います。

ここまでは知恵を働かす仕事のやり方の一〇のステップを説明しました。なお、先に解説した五つのステップからなる「寄りあいワークショップ」はこの簡易版で、しかも集団・組織で日常的に展開できるようにしたものです。

このような創造的な問題解決のプロセスから得られる結果を整理すると、次のような三つの成果が得られます。

第一は、「実利」です。医療の分野で言えば、患者さんが回復して退院し、その結果として報酬が得られます。企業の営業マンなら、商品が売れて売り上げが上がる。わたしたちは、このために組織を作って仕事をするわけです。

第二は、「達成体験」です。働きがいややりがいと言い換えてもいいでしょう。これが得られることで次の仕事への意欲が湧きます。得られないと仕事が長続きせず、結果として組織を辞める人がでてきてしまいます。

第三は、「新たな経験知識、ノウハウ」です。しかもこれは一度は実践経験によって確かめられている知識です。これを先に説明した「知識の収納庫」にストックすることで、やがて同じような問題が発生したときに役立てることができます。

通常の業務では第一と第二の成果が、研究業務では第三の成果が第一義的に求められるという違いがあります。これからの社会では、このような「知恵を働かす仕事」のやり方を身につけることが必須です。

知恵を働かすのに役立つ発想の整理法

「知恵を働かす仕事」は、先ほど紹介した「経営とは、変化への対応と後進の育成である」というときの「変化への対応」であるとともに、「後進の育成」でもあります。

先ほどの図6のステップ1〜10の作業内容を見てください。ステップ1と2、9は「取材とまとめ」で構成されています。ここでは「取材力」と「まとめる力」すなわち「統合力」を養う必要があります。これについては第二章で解説する「質的統合法」で発想します。

ステップ3「考察とまとめ」と、5「案出とまとめ」、6「案出とまとめ」、7「作業のリストアップと時間軸でのまとめ」は、「考え出し」「まとめる」機能において共通性がありります。第三章で解説する「ロジカル・ブレスト法」と第四章で解説する「コスモス法」が、そのための発想の整理法になります。

質と量の両方が必要

前述のように、情報には「質的情報」と「量的情報」があります。「質的情報」は、事例的、記述的な情報、それに対して「量的情報」とは、様々な現象を数値化、数量化したものです。

ここまでは「質的情報」を用いた問題解決の方法について説明してきました。一方で、実態の把握と仮説の検証をするには、「量的情報」も加味する必要があります。従来は、「量的情報」の調査・統計解析でないものは科学的でないかのように言われてきましたが、その両者がセットになってはじめて、より実態に迫る把握ができるのです。

いま解説した「知恵を働かす仕事」では、ステップ2「実態把握」に「量的情報」を重ねることが有効です。なかでも意識調査の場合、意見のバラエティを可能な限り集めて質的に把握した実態をもとに、各実態がどの程度存在するかを設問形式にして、アンケートの調査項目を設計します。それをもとに量的調査を行い、統計解析することでより的確性の高い実態把握ができます。従来は、調査者が机上で想定問答しながら設計していましたが、そのやり方は、結果として恣意的な調査に傾く危険性を伴っているといえるでしょう。

もう一つは、科学的な実験による量的調査です。ステップ5「構想計画」とステップ6「具体策」はあくまで仮説であり、実際に実践してみないとうまくいくかどうかはわかりません。ステップ3「本質追求」における「事の本質が○○だとするなら」もまた仮説的な見方です。それを受けて「とするなら、□□すればきっと△△となるだろう。よって□

しよう」という仮説としての解決案となり、それにもとづき実験計画を立てて、実験します。そして何パーセント程度の確率で仮説の確からしさがあるかを突き止める、といった進め方が一例です。

このように質と量の両面から調査、把握して情報を整理することが、問題解決には欠かせません。本書では、量的情報の整理については深入りしません。以下では、質的情報の整理という角度から「知恵を働かす発想の整理法」について解説します。

ＡＩに負けない武器として役立ててもらえればと思います。

第二章
実態を捉える

1　「なんちゃってKJ法」とは何か

問1――この声をどうまとめるか

国際協力事業団（JICA）が主催する、発展途上国の政府機関の技術系マネージャークラス職員を対象とした研修を、二〇〇四年から現在まで指導しています。それが「社会基盤整備における事業管理」コースの中の「写真を用いた合意形成」です。

これは、第一章で概要を紹介した「寄りあいワークショップ」の方法を用いた三日間のプログラムです。初日午前中は、日本の国・県・市町村・コミュニティの各レベルの合意形成の実例とその意義を講義し、午後は、横浜駅西口の雑居ビルの商店街の写真取材をします。

商店街はたくさんのテナントが軒《のき》を並べ、駅を利用する人も加わって多くの通行人で賑わい混雑しています。一帯は隣接して流れる幸《さいわい》川の水位よりも低く、台風による冠水被害がときどき発生している地域です。そこで取材テーマは、「安全な地域に向けての再開発」としました。

写真１　写真を用いて実態把握

二日目は、写真を用いて実態把握をします（写真1）。三日目は、イラストを用いたアイデア地図（再開発プラン）と実行の優先度評価、発表を行います（写真2）。

以下に示すのは、二〇一七年の受講者の感想です。なぜ一五年という長期にわたりプログラムが継続できているのか。受講者はどのように研修を受け止めているか。感想をまとめることによって、今後の研修に役立てたいと思いました。

受講者の感想

・001「この方法は、いい方法でよく理解できたので、この学びを同僚と共有しようと思う。」（A）

写真２　イラストを用いて再開発プランの立案と実行の優先度評価

・００２「この方法は、住民と当局の間のいさかいを生じることなく物事を解決に導くことが可能である。」（Ｂ－１）

・００３「これを用いることで各プロジェクトは、問題が複雑になることなく住民に受け入れられ、首尾よく実行されるだろう。」（Ｂ－２）

・００４「この方法は、問題の解を求めるすべての関係者（住民と実施者）を同じ土俵に導くプロセスで、コミュニティにおける合意形成を行う大変ユニークな方法である。」（Ｃ）

・００５「この方法を行うのは、初めてである。」（Ｄ－１）

・００６「この合意形成の方法は、プロジェクト管理において大変重要なものとなる。」（Ｄ－２）

・００７「この演習は、グループの全メンバー間で、互いに意見を聴き合い問題分析を行いながら合意形成をはかることで、現実に直面する問題についてよりよい観点をもたらすことができ、とても教育的であった。」（Ｅ）

・００８「各メンバーが参加することで、解決に向けた集合的

な合意を導くことができ、それ故にそれら集合的な決定や解決に反対する可能性を減らすことにつながる。」（F）
・009「基本的には、わたくしはトップダウン型のマネージメントシステムの下で働いてきた。そこでは、職員は個人ベースでの職務遂行を与えられている。」（G－1）
・010「この合意形成手法は、アイデアを同僚や利用者と議論でき、付加価値をもたらす友好的な方法である。」（G－2）
・011「最終結果としての合意形成は個人ではなくみんなのものだから、その取り組み課題の満足度はより高い。」（H）
・012「ワークショップは大変おもしろかった。」（I－1）
・013「講師はよく助けてくれた。」（I－2）
・014「わたしたちは、写真を用いてどのように合意形成を行うのかの概要がわかった。」（I－3）
・015「わたしたちは、プロジェクトの初期段階に地元住民からの多くの妨害がある。」（J－1）
・016「わたしたちは、写真と絵を使って人々の合意を形成することができる。」（J－2）

・017「わたしたちは、グループメンバー間でのブレーンストーミングとアイデアを共有するやり方によって、似た問題の写真や異なる写真をグループに分け、その上で絵の助けにより最適な解決案を示唆することができた。」（J－3）
・018「わたしたちは、投票によって最も重要なランク付けをすることができた。」（J－4）
・019「わたしたちは、プロジェクトの選定プロセスにおける人々の合意形成に投票というやり方を使うことができる。」（J－5）
・020「大変興味深いワークショップで、写真による合意形成手法という学びを得た。」（K－1）
・021「この方法は、バヌアツでは行われていない。」（K－2）
・022「このやり方はよくわかったし、重要なことなので、バヌアツの同僚と共有したいと思う。」（K－3）
・023「卓越した方法を学んだので、自分の仕事に使いたい。」（L－1）
・024「このアプローチから学んだことを同僚と共有したいと思う。」（L－2）
（備考1）文末のアルファベットの記号は、情報源の記号。

（備考2）情報源の受講者の参加国――カンボジア、コンゴ民主共和国（二人）、エチオピア、ガーナ、マダガスカル（二人）、モーリシャス（二人）、ネパール（二人）、サモア、ソロモン、バヌアツ、ベトナム。

問1――あなたなら、どのようにこれらの声をまとめますか？

†「なんちゃってKJ法」

データをまとめる方法として一世を風靡したのがKJ法です。始まりは、文化人類学者川喜田二郎理学博士が創案した学問の研究方法からです。現場から取材したバラバラなデータを統合して実態を把握する方法であり、創造性開発の方法でもあります。

「はじめに」でもふれましたが、一九七〇年代から八〇年代にかけて、この方法は産業界をはじめ様々な分野の人たちに普及しました。しかし裾野が広がるにつれて「カードを使えばKJ法」という思い込みから形骸化が進み、「なんちゃってKJ法」と自嘲気味に言われる状況が生まれてしまいました。

「なんちゃってKJ法」の典型的な例は、前出の「問1」で見れば、「研修のプラス評価」「研修のマイナス評価」「その他」といったすでにある評価の枠組みから感想を分類してしまう方式です。それより少しましな例では、すでにあるカテゴリーにデータを分けたりもします。さらにもう少しましになると、データの内容に着目しながら同じような内容をグループにして、キーワードで名前を付けて用紙に貼り、丸で囲んでまとめるものもあります。

その結果、KJ法は単なる分類・整理の方法に過ぎず、新しいものは何も生み出せないとされてしまいました。それもそうでしょう。データをまとめる人がすでに持っている考えの枠組みでしかデータを掌握しようとしないなら、新しい発想が生まれるはずはありません。

川喜田氏は学問の方法としてKJ法を創案したわけですから、データをまとめた結果、「なるほど、そういうことなのか！」といった「発見」や「納得感」が得られてはじめて、その本来の真価が現われます。

ではどのようにしたら、その「発見」や「納得感」が得られるのでしょうか。

†ヒントはジグソーパズル

ヒントは、ジグソーパズルの組み立て競争にあります。

Aさんが競争をしようと思いつき、自分が好きな絵を二枚買ってきます。二つの机の上に、それぞれ絵のピースをバラバラにして広げます。その上で、Bさんに連絡を取り、組み立て競争をしようと招きます。競争なので審判役としてCさんを誘い、同席してもらいます。

「よーい、ドン！」で競争を始めます。さて果たして勝つのはどちらでしょうか。

ほとんどの人は、「Aさんが勝つ」と言います。しかし世界は広いもので、「Bさんが勝つ」と言った人が二人だけいます。一人は先にお話しした国際協力事業団の研修で出会ったヨルダンの人です。もう一人は新潟の大学の先生で、海外滞在経験がある方です。理由を聞くと、二人とも全く同じ話をしてくれました。その種明かしは後ほどしましょう。

図7を参照してください。競争を始めた時点で、ピースはどのように見えるでしょうか。Aさんには、気に入った絵柄の断片が目の前に広がっています。Bさんにとっては好きも嫌いもないただの「脈絡のない断片」が目の前に広がっています。

「よーい、ドン！」でスタートして組み立てていく二人の姿は、審判役のCさんにはどう見えるでしょうか。組み立てる手作業は両者とも同じですが、Aさんの方がやや早く進み、Bさんのほうがやや遅いでしょう。

ここでの問題は、二人の頭の中がどうなっているかです。Aさんは最初の絵を知っているので、その姿を思い出しながら断片を探しつつ組み立てていきます。つまり「復元」の頭の使い方をしています。結果としてAさんが「勝利」するでしょう。

	組み立てる素材	Cさんからみた姿	頭のなかのプロセス	競争で得られた結果	組み立てられた結果
Aさん	気に入った絵柄のバラバラな断片	組み立てるのが速い	復元	勝利	復元図
Bさん＝質的統合法（KJ法）	脈絡のないバラバラな断片	組み立てるのが遅い	仮構築	発見	整合性のある論理構造図

図7　ジグソーパズル理論モデル

ではBさんの頭の中はどうなっているでしょうか。「復元」したくても最初の絵を知らないので、試行錯誤するしかありません。それでも全体がどのような絵か、少しでも早く見当をつけたいと思って作業をするでしょう。こういう絵かな、ああいう絵かなと「仮構築」の頭の使い方をします。勝負という意味では負けですが、それよりももっと素晴らしいものが得られるはずです。つまり、「なるほど、こういう絵なのか」という「発見」が得られるのです。

得られた結果は、Aさんにとっては「復元図」。Bさんにとっては「論理的な構造図」になります。日本人は「論理的な構造図」と言われてもちょっとピンときにくいところがあります。最初の状態の「脈絡のない断片」という表現に対応させて、「すべての断片が辻褄が合う形でまとまった全体像」と捉えると、実感としてわかるのではないでしょうか。

「なんちゃってKJ法」はAさんの頭の使い方で、川喜田氏が創案し提唱した「KJ法」はBさんの頭の使い方です。だから本当の「KJ法」は「なるほど、そういうことなのか」といった「発見」

を得る方法なのです。

わたしは創案者のもとで二〇年間ＫＪ法の研究と普及に携わってきました。その意味で川喜田氏から直伝を受けています。その後二十数年を経るなかで、教授法と技法の精緻化をはかり、様々な理論モデルを加味して質的研究法として体系化し、基本原理はＫＪ法に準拠する形で「質的統合法（ＫＪ法）」を形づくってきました。

産業界では「ＫＪ法」が登録商標となっています。それとの混同を避け川喜田氏が主宰した研究所と第三者に誤解と迷惑をかけないために、機能名称と創案者を尊重する意図から「ＫＪ法」という言葉をを加え、「質的統合法（ＫＪ法）」の名称になっています。本書では「質的統合法」と略して表記し、実態を捉える方法として解説します。

さて種明かしの補足をします。ヨルダンの人と新潟の大学の先生は、Ｂさんが勝つと考えた理由を次のように話してくれました。

保育園や幼稚園で子どもたちが遊ぶジグソーパズルは、絵柄が大きくピースも大きいです。一方で大人用のジグソーパズルは、絵柄が細かくピースも小さいです。この絵柄をさらに細密にし、ピースもさらに小さくするとどうなるでしょうか。初めに仕上がりの姿を知っていると、かえってそのイメージに囚われてしまい、作るのに時間がかかります。だからＡさんのほうが遅く、Ｂさんが勝つというのです。

このことは、既成の概念を持って何かに臨むという姿勢を戒めているように思います。実はＫＪ法も、それに準拠した質的統合法も、事前の知識や既成概念から離れて、いかに素直にデータに耳を傾けるかが最も大事なことなのです。その意味で、二人の捉え方は貴重な示唆を与えてくれていると思います。

†作業の道具

手作業でデータをまとめる道具は、身近にある文房具で事足ります。

①カード（シール状のラベルだと貼るのに便利、サイズは二センチ×七センチくらい）、②四色ボールペン、③ゼムクリップ、④輪ゴム、⑤Ａ４用紙（メモ用紙兼用）、⑥模造紙、⑦修正液か修正テープ、⑧マジック（細字と太字兼用、黒・赤・青・緑）、⑨ポストイット（二センチ×七センチくらい）、⑩鉛筆、⑪消しゴム

この作業はパソコンで行うこともできます。わたしは「インスピレーション」というソフトを使っています。しかし残念ながらすでに販売中止になっており、他に代わるソフトがまだ見つかっていません。エクセルの図形描画機能を使えば、ある程度簡易的に作業が

可能です。手作業で行った後、図に表現するところだけパワーポイントを使っている人もいます。

†目で見る作業のステップ――まとめるルールは単純

作業は、まとめるデータをそろえる①データ化、次いで②グループ編成、③空間配置・図解化、④口頭発表・文章化、の四つのステップからなっています。

ステップ①の「データ化」は、一つのデータに一つの項目とします。つまり一枚のラベルに一つの内容だけが入るように記述します。

ステップ②の「グループ編成」は、図8のように行います。ここでの作業は、(1)「ラベル広げ」(データが読みやすいようにラベルを並べる)、(2)「ラベル集め」(似たデータを二~三枚、多くても四~五枚以内くらいを単位にグループにする。単体で残るラベルは全体の枚数の二分の一から三分の一を目安とする)、(3)「表札づくり」(グループのデータ内容の要約・統合文を作る)の三つからなります。

最初のグループ編成は「一段目」、二回目のグループ編成は「二段目」と呼び、グループが数個(五~六個、最大でも七個)になるまでグループ編成を繰り返します。なお手作業の場合は、ラベルの文字の「黒」は元のデータ、「赤」は一段目の表札、「青」は二段目の

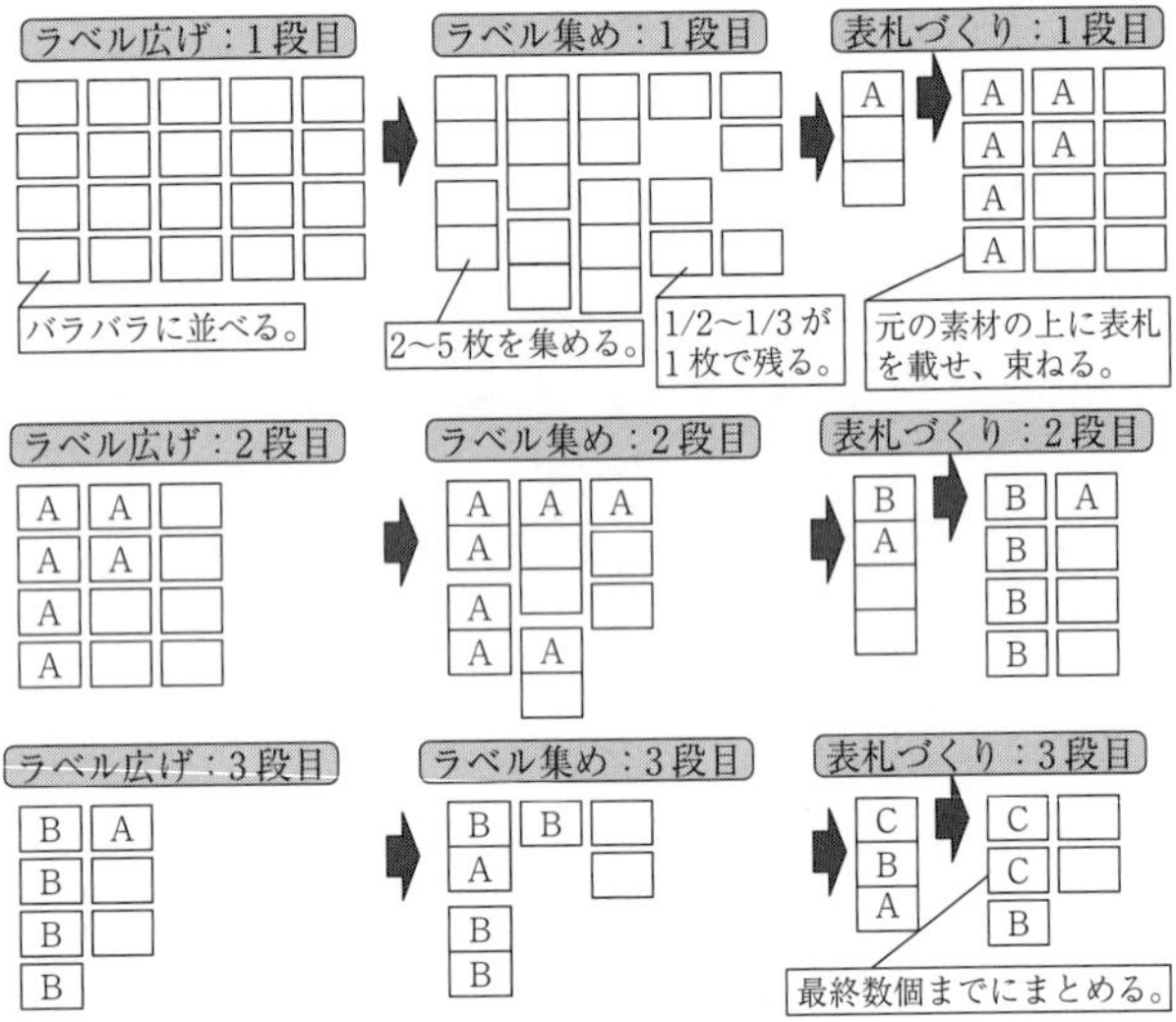

図8　グループ編成のステップ

表札、「緑」は三段目の表札を表し、実際にもボールペンの四色を利用して段階を区別します。四段目以降は段階を区別できるように工夫します。

　このように、ルールはいたって単純です。パソコンで行う場合は、一段目の表札は「A001、A002、A003……」とA表示します。二段目は「B001、B002、B003……」とB表示します。三段目はC表示、といったようにアルファベットで段階を表示します。

　ステップ③の「空間配置・図解化」では、（1）「見取図」（図9）と（2）「展開・図解化」（図10）の二つの作業を行います。「見取図」

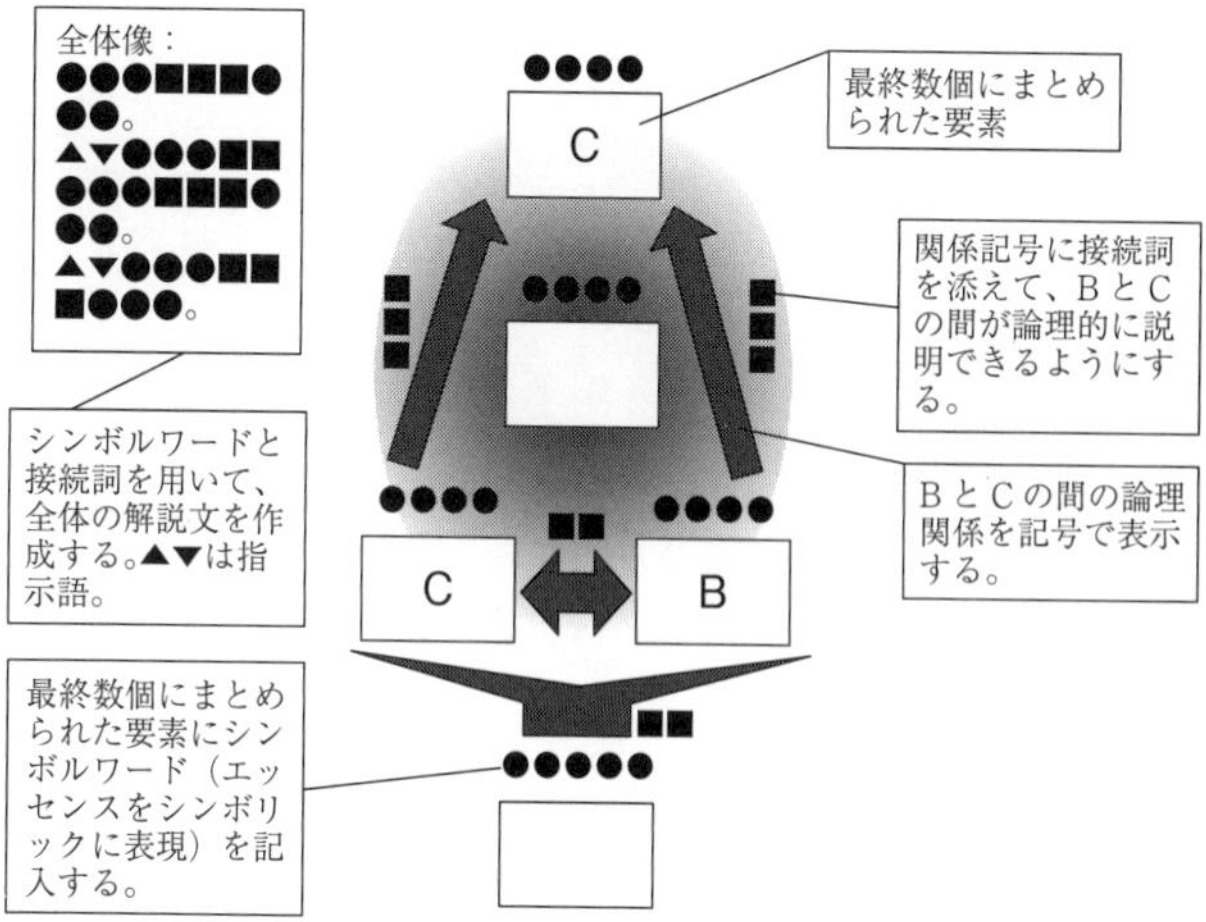
全体像：
●●●■■■●●●。
▲▼●●●■■●●●■■■●●●。
▲▼●●●■■■●●●。
シンボルワードと接続詞を用いて、全体の解説文を作成する。▲▼は指示語。
最終数個にまとめられた要素
C
関係記号に接続詞を添えて、BとCの間が論理的に説明できるようにする。
BとCの間の論理関係を記号で表示する。
C
B
最終数個にまとめられた要素にシンボルワード（エッセンスをシンボリックに表現）を記入する。

▲不思議にも、左右対称の見事な姿を現わす

図９　空間配置・図解化のステップ（1）見取図

には、五～六個に集約されたデータの論理関係を見つけて「構造図」を作ります。関係は記号と接続詞で表示し、五～六個の内容にそのエッセンスを表す「シンボルワード（シンボルマーク）」を付記します。関係を見つける作業と記号の使い方は、少し慣れないと最初は戸惑いますが、ここでもルールは単純です。

ステップ④の「口頭発表・文章化」とは、「構造図」を解説する作業です。構造図の解説と分析者の解釈・発想を読者が峻別できるようにします。

このような単純なルールで成り立っているので、上記のルールを守っ

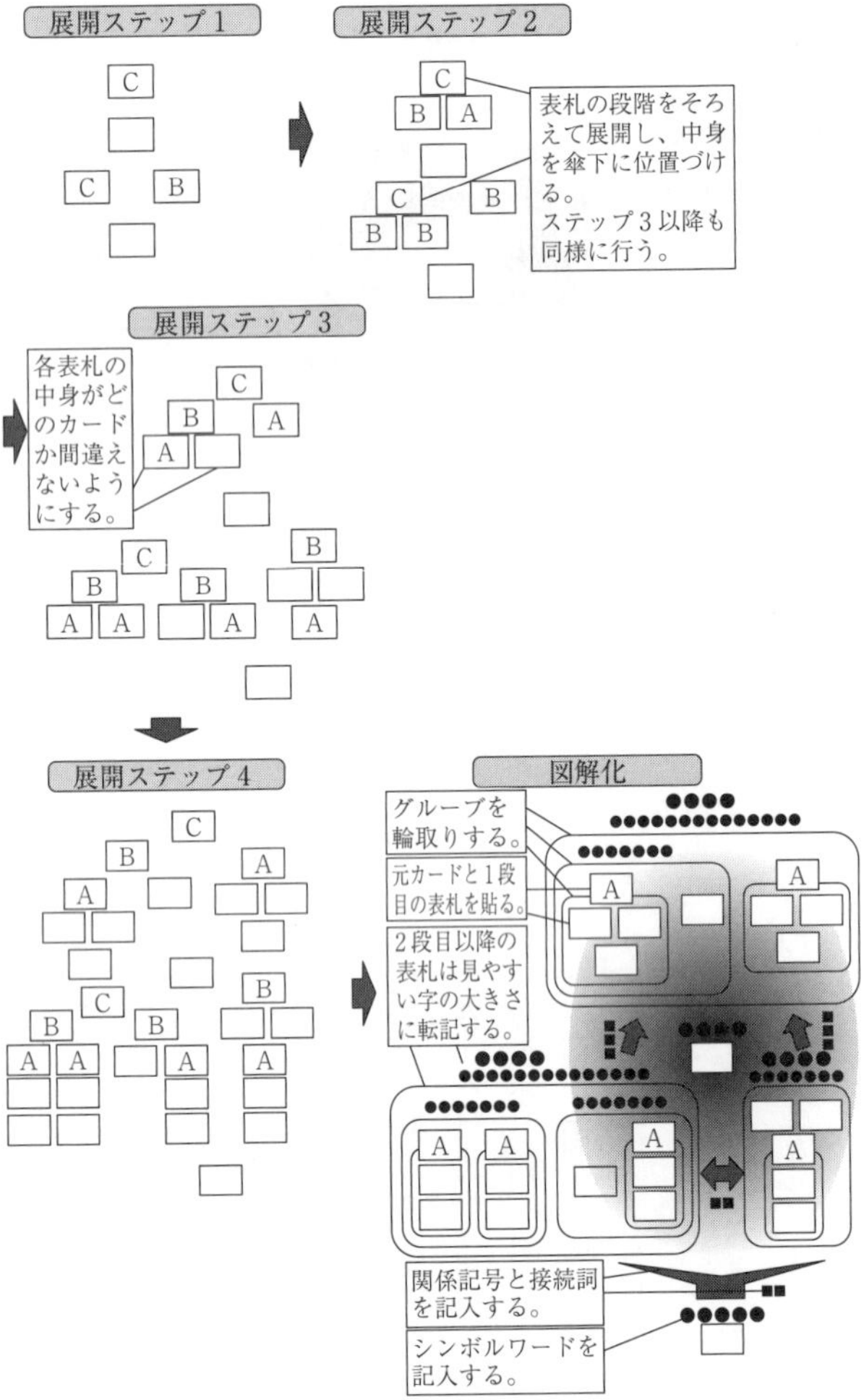

図10　空間配置・図解化のステップ (2) 展開・図解化

て作業をしてみるだけで、いわゆる「なんちゃってＫＪ法」には陥らないと思います。ただし「発見」にいたるには、一定の訓練が必要にはなります。

2 意見をまとめる

†好奇心・悩み・困りごと・問題から始まる

ここでは「質的統合法」を用いたデータのまとめ方を、「問1」を事例に、もう少し立ち入って説明します。本論に入る前に、データの収集にあたって配慮した方がいい点について、説明します。

「材料七分に、腕三分」という表現は、板前の世界でよく耳にする言葉だといわれています。どんなに腕のいい板前でも、美味しい料理を作るには新鮮な材料が決め手だといいます。板前の腕前がものをいうのは三分程度のようです。もちろんどんなに新鮮でいい材料をそろえても、腕前がよくなければ美味しい料理はできないので、これは腕前がいいことが前提となる言葉です。

これと同じようにデータをまとめる腕前がどんなによくても、その質がよくなければいい結論は得られません。ましてや「発見」にはほど遠いでしょう。

データの質は、情報を集める当事者自身の問題意識の熟成度、深さ、すなわち、好奇心や悩みの深さ、困りごとの切実度に関わっています。前章で解説した「直接情報」が大事な理由はここにもあります。自らの問題意識にもとづき、現場から情報を得るようにしたいものです。インターネットが普及したいまの社会では、ともすると「間接情報」の洪水に飲み込まれやすいので、心して情報収集していきたいと思います。

†情報（データ）を集める

情報収集は、前述のようにまず「問題意識」を明確にすることから始まります。その上で、どのような情報をどのような方法でどこから得たらいいか「取材計画」を立てます。「取材計画」にもとづいて情報を集める方法は色々あります。大いに工夫するといいでしょう。

例えば、業務や日々の暮らしの中で五感を総動員して観察や実際の体験を記録にとどめ、データとして収集します。あるいはテーマを定めた本格的な調査の場合は、現地に赴き、野外調査によって観察したり、関係者に話を聞いたり、関係資料にあたったりします。企業ではマーケティングの観点から、グループインタビューによって情報を得る方法をとったりします。アンケート調査では、量的な調査とともに、「その他、自由にご意見をご記入ください」といった自由記述方式で情報を集めることもしています。

取材内容はメモを取ったり、カメラやビデオで撮影したりして記録にとどめます。野外調査では、その場で取ったメモをもとに正式な記録として文章や図を交えて残す方法がとられることが多いです。看護学の研究分野では、患者や家族、医療者からインタビューで情報を得て録音し、逐語録の形でデータ化する方式が多くとられています。

こうして情報が集まったら、それをまとめる作業に移ります。

†データ化する

ここからは「質的統合法」を用いた作業の進め方の解説です。

「問1」では、研修受講者に感じたことを自由に感想として書いてもらうようにしました。問題意識は先に説明したように、なぜ一五年という長期にわたりプログラムが継続できているのか。受講者はどのように研修を受け止めているか。感想をまとめることによって、今後の研修に役立てたいと思ったからです。

ステップ①は「データ化」です。前述の通り、「質的統合法」で分析する場合、一つのデータは一つの項目とすることが原則です。

集めたデータは、インタビューでも、感想でも、一連のストーリーとして文脈をもって記述されています。そのままだといくつかの意味が入っており、「質的統合法」でまとめることが難しくなります。一つのデータには一つの意味（中心的に訴える内容が一つ）だけが入るようにすることが基本原則ですので、文脈をひとまとまりの意味ごとに切断してデータ化します。これを「単位化」と呼んでいます。

同じデータでも単位化の切断箇所は、問題意識によって微妙に変わってきます。また個人差もあります。その意味でやや難しさが伴いますが、問題意識が単位化の物差しだと考えていいと思います。それが鮮明であるほど、作業はやりやすくなります。

†単位化の事例――Jさんの感想

問1の単位化の事例を一つ示しましょう。

・原文――We have many obstructions from the local people during the initial phase of the project, we can build peoples consensus by the help of photographs, pictures and drawings. By the method of brainstorming and sharing the ideas between group members we could group the photos of similar problems into different groups and we could suggest the best solutions with the help of drawings. We were able to rank the most important problems by the means of voting. We can use the voting method for the people consensus during the project selection process.

・単位化1――わたしたちは、プロジェクトの初期段階に地元住民からの多くの妨害がある。

・単位化2――わたしたちは、写真と絵を使って人々の合意を形成することができる。

・単位化3――わたしたちは、グループメンバー間でのブレーンストーミングとアイデアを共有するやり方によって、似た問題の写真や異なる写真をグループに分け、その上で絵の助けにより最適な解決案を示唆することができた。

・単位化4――わたしたちは、投票によって最も重要なランク付けをすることができた。

・単位化5――わたしたちは、プロジェクトの選定プロセスにおける人々の合意形成に投票というやり方を使うことができる。

†データをまとめる

ステップ②の「グループ編成」には、（1）ラベル広げ、（2）ラベル集め、（3）表札づくり、のサブステップがあることはすでに説明したところです。先ほどの図8を参照しながら読み進んでください。

「ラベル広げ」とは、ラベルを読みやすいように目の前に並べる作業です。ラベルをトランプやカルタのようによく切ってから並べ、相互の関連がバラバラになるようにします。このときデータを読みながらラベルを並べないことが大切です。先に並べたデータを見ながら同じような内容のところに無意識に振り分けて、いわゆる分類をしながら並べてしまうからです。分類はすでにある自分の考えの枠組みを使う思考なので、ここでは極力排除しなければなりません。

次は、「ラベル集め」です。目の前のラベルに順番に目をやりながら、データを読み進め三周から四周します。データを読むときは、一字一句字義通り「うん、なるほど」とうなずきながら読みます。それ以上あれこれ考えないことが、ここでの秘訣です。

読み進むと次第に訴える方向性（志）が似ているものが見えてきます。二枚から三枚、多くても四枚から五枚以内を目安に、グループを作っていきます。やがてもう似ているものがないという感じになってきたら、この作業を終了します。この時点でグループの数と一枚で残っているラベルの数を数えます。二分の一から三分の一が一枚で残っても構いません。この比率は経験的にわかってきた「経験則」です。

「ラベル集め」をする際に最も重要なのは、原因・結果といった因果律などでうまく説明がつく物語、あらかじめ描いた分類項目（カテゴリー）で集めないことです。理屈を抜いて、「なんとなく似ている。なんとなく近しい」といった感覚を尊重します。目の前の「場」を構成するデータ相互の「相対的距離感」が判断の物差しとなります。最初に三周から四周読み終えてからラベルを集め出すのは、二〇枚で構成するデータの「場の全体感」を身体の中に醸成するためです。

「ラベル集め」が終わったら、次は「表札づくり」に移ります。グループにした二枚から四枚、あるいは四枚から五枚のラベルを見ながら、データが全体として訴えている内容を把握し、それを一文にして要約・統合文を作ります。「なぜ集まったのか。どんな感じか」と自問し、「要するにこんな感じ」と自答して全体感をキャッチし、その上で一つの文にまとめてみます。

重要なのは、データを見て自分の考えを表明するのではなく、あくまでデータが語っていることをキャッチし、それを「代弁する」ことです。もちろん両者の境目は明確ではありませんが、できる限り峻別するように努力します。これには一定の訓練が必要になります。経験量の蓄積が要ると言ってもいいでしょう。表札の文は、新しいラベルに記入し、グループにしたラベルを重ね、その上にのせてクリップや輪ゴムで束ねます。

さらに問1の事例を使って、「ラベル集め」と「表札」の作業を紹介します。

グループ編成例1

【ラベル集め】

・014「わたしたちは、写真を用いてどのように合意形成を行うのかの概要がわかった。」（I－3）

・020「大変興味深いワークショップで、写真による合意形成手法という学びを得た。」（K－1）

・016「わたしたちは、写真と絵を使って人々の合意を形成することができる。」（J－2）

【表札】

・A005「わたしたちは、写真と絵を使って合意形成が出来る手法を学んだ。」

グループ編成例2

【ラベル集め】

・007「この演習は、グループの全メンバー間で、互いに意見を聴き合い問題分析を行いながら合意形成をはかることで、現実に直面する問題についてよりよい観点をもたらすことができ、とても教育的であった。」（E）

・008「各メンバーが参加することで、解決に向けた集合的な合意を導くことができ、それ故にそれら集合的な決定や解決に反対する可能性を減らすことにつながる。」（F）
・010「この合意形成手法は、アイデアを同僚や利用者と議論でき、付加価値をもたらす友好的な方法である。」（G－2）

【表札】
・A006「この方法は、課題解決に向けた関係者間での対立を深めるのではなく、逆に互いに友好的に議論を深めて合意形成することで、新たな価値を産み出すことができる。」

†グループ編成をする

いま行ったのは「一段目のグループ編成」です。以降同様の要領で「ラベル広げ」「ラベル集め」「表札づくり」を繰り返して、最後の数個まで続けます。二段目、三段目と段階が上がってもグループ編成の基本は変わりませんが、データの抽象度が上がり、相互の相対的距離感が変わっていきます。

「ラベル集め」をすることで、「よりなんとなく似ている、近しい」という感覚が強くなります。「一段目のグループ編成」を終えて「二段目のラベル集め」に入ると、最初はまったく似ているものがないという悲壮感に近い感覚に陥ります。しかし何周か読み進むにつれて次第に似ているものが現われてきます。

少し理論的な話になりますが、「意味の鳥瞰図《ちょうかんず》モデル」と呼ぶ理論モデルについて補足します。先ほど「ラベル集め」のところで、「場の全体感によって相対的距離感の物差しが形成される」と言いました。これを「意味のレンズ」と捉えています。

飛行機が飛行場から離陸し、高度を次第に上げていく。搭乗しているわたしたちが窓から眼下を見下ろしていると、最初は個々の「民家」がよく見えます。高度が上がるにつれて個々の民家は「家並み」をなして見えるようになります。さらに高度が上がっていくと家並みを含む「集落」として見えてきます。さらには、集落を含んだ田園地帯や工業地帯といったように「地帯」の絵柄に変化します。

わたしたちの「視覚のレンズ」は、このように自動的に焦点距離が変化します。しかし「意味のレンズ」は自動的には変わらず、二段目に入ってもそのまま一段目の意味のレンズが維持されていると、「まったく似たものがない」と悲壮感に襲われるわけです。そして何周かデータを読み進む中で、「一段目の意味のレンズ」が外れて「二段目の意味のレンズ」が形成されると焦点距離が合い、この段階で似ているものが見えてくるといった仕組みになっています。この現象は、三段目、四段目と段階が変わるたびに現われます。

「表札」をつくるには、「抽象度を上げ」つつ、「具体性も加味する」必要があります。いわゆる「抽象の梯子《はしご》」を単純に昇るのとは異なります。抽象化と具体性を併存させることは言語上は矛盾するように聞こえるかもしれませんが、「実態把握」には本来両者が併存しています。KJ法を創案した川喜田氏は、両者の併存について誤解を招かないために「土の香りを残す」と表現しています。さきの「意味の鳥瞰図モデル」からこのことを捉えると、元データは「民家」、一段目の表札は「家並み」、二段目は「集落」、三段目は「地帯」といった抽象化と具体性を融合した実態的捉え方、あるいは表現様式がここでの物差しになります。

†まとめた中身を「見える化」する

ステップ③は「空間配置・図解化」です。

「見取図」とは、図9で示した構造を示す基本設計図です。グループ編成によってまとまりが数個になったら、その内容を別の新しいラベルに黒いボールペンで転記します。なぜ黒一色で転記するかというと、グループ編成で束ねたラベルの束が厚いものの方が重要だという価値判断を避けるためです。ときとして元のラベルが一枚で残ることがあり、残って困ったという意識が伴いやすいので、すべてを平等に扱うためです。

転記したラベルを用いて、相互の論理的な関係を見つけ、関係するラベル間にメモ用紙を置きます。そこに「関係記号」と論理関係を示す「接続詞」を記入します。ラベルのデータ、接続詞、さらに関係表示先のラベルのデータを読み上げます。そのストーリーが論理的に納得できるかどうかが、関係が適切であるかどうかの判断基準になります。ここで使う「関係記号」は図11を参照してください。

納得できる論理構造が出来上がったら、いくつかのデータにそのエッセンスを表すキーワードを入れます。これを「シンボルワード（シンボルマーク）」と呼んでいます。これは「事柄：エッセンス」と二重に表現します。「事柄」とは全体構造における位置づけです。「エッセンス」とは、位置づけの姿に相当します。そして、シンボルワードをメモ用紙に記入して該当する箇所に置きます。

その上で、A4用紙にラベルと「関係記号・接続詞」のメモ用紙と、「シンボルワード」のメモ用紙を貼ります。そして、テーマと四つの注記（とき・ところ・データ源・作成者）を記入します。これで「見取図」の完成です。

問1の構造を示した「見取図」を図12に例示します。「質的統合法」の分析結果には、「1＋1＝2」のような正解はありません。仮に「正解」という表現を使うなら、「正解には幅がある」と考えます。ここでは「解答例」としていますが、あくまで一つのサンプルです。

「本図解」は、「見取図」の基本設計をもとに、ラベルの束を図10のように輪ゴムやクリップを外しながら、中身が見えるよう元の素材のラベルまで開きます。この作業を「展開」と呼んでいます。どのラベルがどの段階の表札のグループに所属するかを間違えないように注意してください。併せて、慣れてきたら、グループ内のラベルの位置も相互にどのような関係にあるか配慮して位置付けていくと、すべての断片の辻褄が合うようになります。

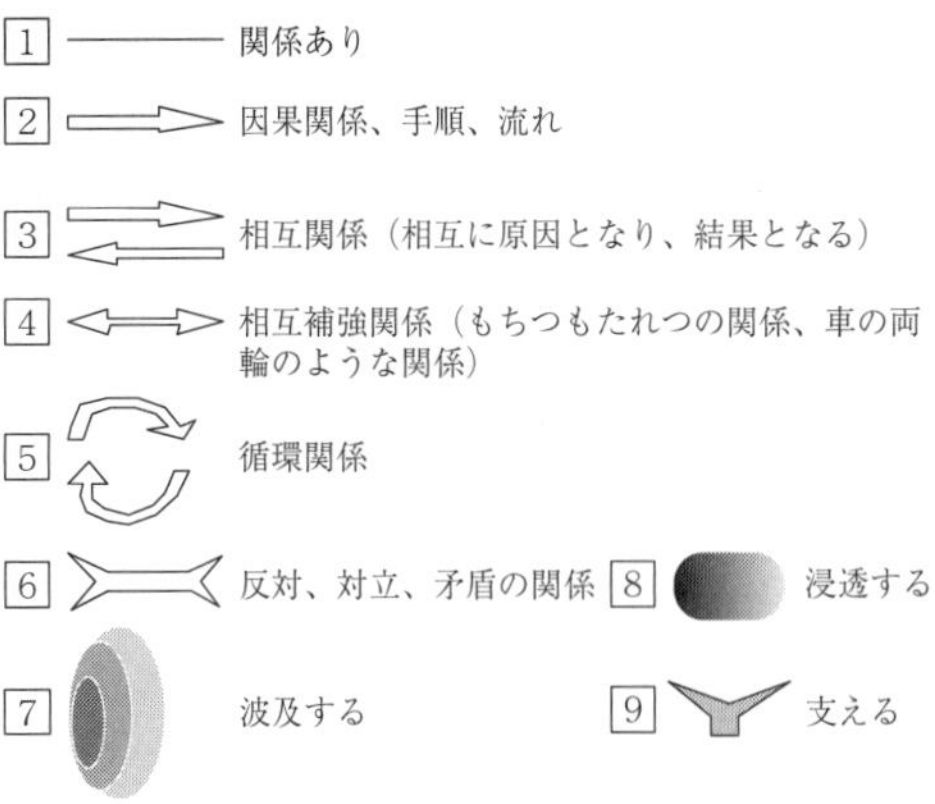

1 関係あり
2 因果関係、手順、流れ
3 相互関係（相互に原因となり、結果となる）
4 相互補強関係（もちつもたれつの関係、車の両輪のような関係）
5 循環関係
6 反対、対立、矛盾の関係
7 波及する
8 浸透する
9 支える

＊その他創意工夫して記号化
図11　関係記号の種類

✝まとめた内容を伝える（文章化・口頭発表）

ステップ④は、「文章化・口頭発表」です。口頭発表とは、関係者を前にプレゼンテーションをする方法のことです。構造図を掲示して解説しますが、ただ口頭で話すだけでは

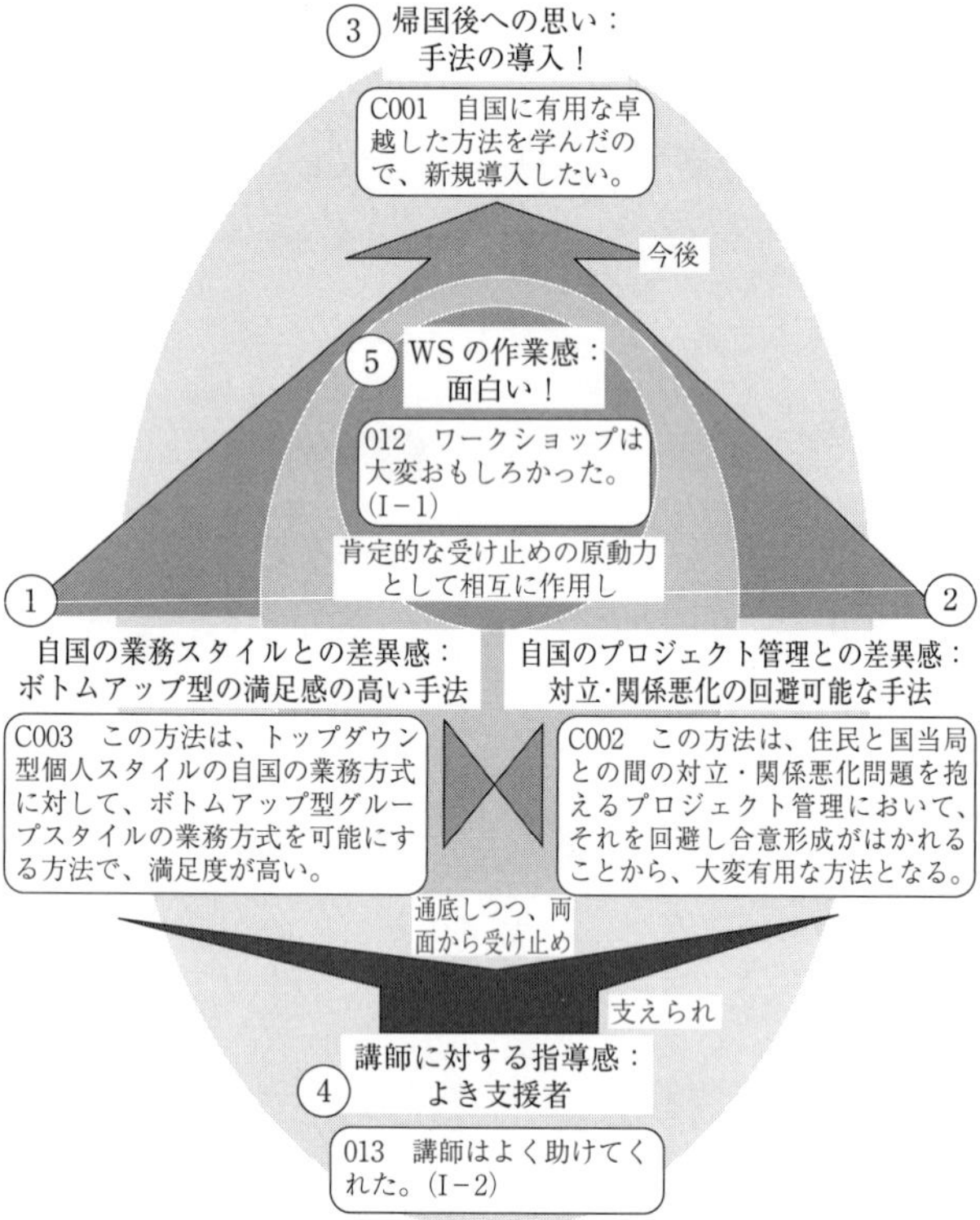

③ 帰国後への思い：
手法の導入！
C001 自国に有用な卓越した方法を学んだので、新規導入したい。
今後
⑤ WSの作業感：
面白い！
012 ワークショップは大変おもしろかった。(I－1)
肯定的な受け止めの原動力
として相互に作用し
①
②
自国の業務スタイルとの差異感：
ボトムアップ型の満足感の高い手法
自国のプロジェクト管理との差異感：
対立･関係悪化の回避可能な手法
C003 この方法は、トップダウン型個人スタイルの自国の業務方式に対して、ボトムアップ型グループスタイルの業務方式を可能にする方法で、満足度が高い。
C002 この方法は、住民と国当局との間の対立・関係悪化問題を抱えるプロジェクト管理において、それを回避し合意形成がはかれることから、大変有用な方法となる。
通底しつつ、両
面から受け止め
支えられ
講師に対する指導感：
④ よき支援者
013 講師はよく助けてくれた。(I－2)

【図の見方】
（注１）丸数字は、全体像の解説の流れを示す。
（注２）A001～、B001～、C001～は、統合の階層を示す。
（注３）全体図の各データの文頭の001～024の数字は、
元データリストの通し番号を示す。
（注４）各元データの文末の括弧内は、データ提供者を示す。

図12 問１の解答例（見取図）

内容が理解できません。構造図のどの部分を解説しているかわかるように、指示棒などで指し示しながら説明します。

構造図には、説明の流れに沿って番号を表示しておくと理解しやすいです。特に聞く人に資料として配布する場合は役立ちます。元の素材と表札を丁寧に紹介しながら説明しましょう。各段階の表札に語句のダブりが多く見られますが、そのまきちんと読み上げるように説明した方が理解されやすいです。

元の素材から表札の階層を上がって説明していく方法と、表札から階層を降りて元の素材にまで行く方法の二つがあります。両者を適宜織り交ぜながら説明します。加えて、浮かんできた解釈や発想も織り交ぜますが、その度合いは二〜三割程度に収めるようにしましょう。これが多過ぎると構造が理解されにくくなります。

文章化と口頭発表は、ストーリー化するという意味では同じ作業です。大きく異なる点は、文章として綴るときには、各段階の表札の語句のダブりをなくすようにするところです。それが解釈や発想なのか、解説なのか、読者が峻別できるようにします。

3　論理を発見する

†問2——数カ条に集約された声の関係は？

わたしは看護学研究の分野で、質的研究の支援に長らく携わっています。対象は修士課程と博士課程に在籍している大学院生や研究者です。その中で最も印象に残っているケースが、これから説明する問2になります。

あるとき、「質的統合法」の研修を受けた研究者から、「これを学術研究に適用し、自分たちではある程度納得しているが、果たして的確な分析ができているのか不安だ」という相談がありました。「見取図」を見てみると、確かにどこか不自然さを感じたので、サンプルを作ることにしたところ、その結果にわたし自身が驚きと感動を得たのです。

テーマは、「高齢者が捉えた健康観」です。研究目的は、高齢者本人の立場から見た健康とは何かを明らかにすることです。取材対象者は、疾病《しっぺい》や障害を持ちつつも健康状態が保持され、豊かな生活を送ることが可能な高齢者です。

七〇～一〇〇歳代の二四名。介護老人保健施設で生活している人一〇名。地域を拠点とした高齢者を対象とした健康教室や高齢者福祉施設活動に参加している人一四名。男性は三名、女性は二一名です。

健康状態について、あるいは健康状態を維持するために大切に思っていること、体調の安定、願いや望み、精神的な状態、地域の文化的行事への参加についての考え、それらについて個別及び少人数グループのインタビューを行っています。

取材から一三〇枚のデータが抽出され、「質的統合法」によってそれが七段階のグループ編成を経て七カ条に集約されました。その内容は次の通りです。なお出典は、鳥田美紀代他著「高齢者本人から捉える健康の視点」という論文からです。

†集約された七カ条

(1)体が思うようにならず悔しいときや、いざとなったときに気持ちの安定や安心、望みとなり得るのは、日々のこととして、亡くなった者も含めた家族とのつながりや、自分の死期を感じられたり、そこに向かうと信じられること。

(2)神様が決めるものだし、何の解決にもならないので、自分の力の及ばない範囲のことは気に病んでも仕方ないと心得て、自分から周囲の状況に合わせるようにして、自分のこらえきれる範囲にする。

（3）逆境であっても自分の長所であっても、さらに自分に恩恵をもたらすものと肯定的に、楽観的に受け止めることが長生きや元気を左右する。
（4）体や健康がありがたく一番と常々思っているので、満足や諦めとは関係なく、死ぬときに苦しい思いをしたり薬を飲んだり、半身不随になって生きることは、嫌だし悔しいし、なんだか損してるみたい。
（5）自分が喜びを感じられる共同体の中で、立場や役割が変わることを実感し、お互いに心配をかけ、かけられながら、それを味わったり担ったりしながら年を重ねていける。
（6）わたしの体調や日々の生活の営みは、他の人には立ち入られたくないもので、不調なときも含め、人に依存せずに自分で何とかしたいわたし自身のこと。
（7）願いや健康を叶えるための考え方や行為は、単に習慣や生活の一部として生活や体に染みついているもので、心がしたくなってやっている。

さて、ここで問2です。「この七カ条から高齢者本人のどのような健康観が浮かび上がるでしょうか」。

わたしはデータを手にしたとき、まったく見当がつきませんでした。

†ヒントは仏典のなかにある

「群盲象《ぐんもうぞう》を撫《な》ず」という諺《ことわざ》があります。元はインド発祥の寓話だと言われています。現在の日本社会では差別用語と捉えられかねないので、あまり耳にすることがなくなっているようですが、仏典にも入っているので説明に使っています。

目の不自由な人が何人かいたとします。Aさんが象の鼻を触って「これはホースのようなものだ」と言いました。するとBさんが足を触って、「いやいやホースのようなものではなく、柱のようなものだ」と言います。するとCさんがお腹を触って「いやいやホースのようなものでも柱のようなものでもなく、これは壁のようなものだ」と言います。

そしてお互いに自分が言っていることが正しいと、喧々囂々《けんけんごうごう》となる姿を指しています。この寓話は、「部分だけを見ている小人には事の本質が捉えられない。全体を見る大切さを教え諭そうとしている」と言われています。

「質的統合法」で集約された数カ条は、Aさん、Bさん、Cさんがそれぞれ捉えた象の姿に相当します。「記述されている日本語の意味」はわかります。その意味に耳を傾けながら全体像を探していってその全体像（正体）が浮かび上がったとき、そこに「記述されていない日本語の意味」としての真意が明らかになります。Aさんが触ったのは鼻であり、

Bさんは足であり、Cさんはお腹であることが判明します。

つまり、集約された数カ条をもとに全体像を探す「空間配置」とは、「記述された日本語に、記述されていない日本語の意味（真意）を新たに浮上させる」作業になります。まさにここで「ブレークスルーを伴う飛躍的な発想」が生まれることになり、それは「アブダクション」（発想法）そのものと言えます。

ここでは「現場」から「取材」して「バラバラな断片情報」が得られます。それらを「質的統合」することで、「個と全の整合性」をはかる形で「全体像」が浮かび上がります。これによって「断片情報が内在させている論理が浮上」するわけです。先ほどの寓話で言うなら、断片情報から「象」という「論理」が浮上することになりますでは本当にそのようなことが可能なのでしょうか。問2のデータを用いてそれが可能なことを例示します。

†問2の解答例——答えは一つではない

先ほども言いましたが、「解答例」とはしていますが、答えは一つではありません。ここでの例示は、あくまで一例です。意味の世界なので、正解には幅があると考えています。そのことを前提に、図13を参照しながら以下の解説文を読んでください。

【高齢者本人から捉える健康観の論理構造】

図13の左側には、「自力本願《じりきほんがん》の心の世界」が浮上し、右側には「他力本願《たりきほんがん》の心の世界」が浮上している。しかも左右はものの見事に対称構造をなし、両者の接合点において「死期の受容観」が存在し共有化されている。加えて上下も対称構造をなし、同様に両者の帰着点において「死期の受容観」が存在している。

自力本願の心の世界での「願いや健康を叶える生き方」は、「生活と体に染みついた自心を発揮する姿勢」である。願いや健康を叶えるための考え方や行為は、単に習慣や生活の一部として生活や体に染みついているので、心がしたくなってやっている。

それゆえに、「個人による生活管理」によって「自律して年を重ねる」こととなる。わたしの体調や日々の生活の営みは、他の人には立ち入られたくないもので、不調なときも含め、人に依存せずに自分で何とかしたいわたし自身のことだ。

他方では、「生活と体に染みついた自心を発揮する姿勢」であるがゆえに、「病・死の苦の対処姿勢」として「回避への格闘」をすることとなる。体や健康がありがたく一番と常々思っているので、満足や諦めとは関係なく、死ぬときに苦しい思いをしたり薬を飲んだり、半身不随になって生きることは、嫌だし悔しいし、なんだか損してるみたい。

しかし反面では、対称をなす他力本願の心の世界での「元気で長生きを叶える生き方」は、「肯定的楽観的に受容する姿勢」である。逆境であっても自分の長所であっても、さらに自分に恩恵をもたらすものと肯定的に、楽観的に受け止めることが長生きや元気を左右する。

それゆえに、「共同体による生活管理」によって「喜びを感じながら年を重ねる」こととなる。自分が喜びを感じられる共同体の中で、立場や役割が変わることを実感し、お互いに心配をかけ合いながら年を重ねていける。

他方では、「肯定的楽観的に受容する姿勢」であるがゆえに、「病・死の苦の対処姿勢」として「人力を超える力の受容」をすることとなる。神様が決めるものだし、何の解決にもならないので、自分の力の及ばない範囲のことは気に病んでも仕方がないと心得て、自分から周囲の状況に合わせるようにして自分のこらえきれる範囲にする。

そしていずれの心の世界からも年を重ねるにつれ、やがて「死期の受容観」として「祖先の命の中に去る」という心境に至る。体が思うようにならず悔しいときや、いざとなったときに気持ちの安定や安心、望みとなり得るのは、日々のこととして、亡くなった者も含めた家族とのつながりや自分の死期を感じられたり、そこに向かうと信じられること。

高齢者本人は、このように自らの健康を捉えているのである。人によって「自力本願の

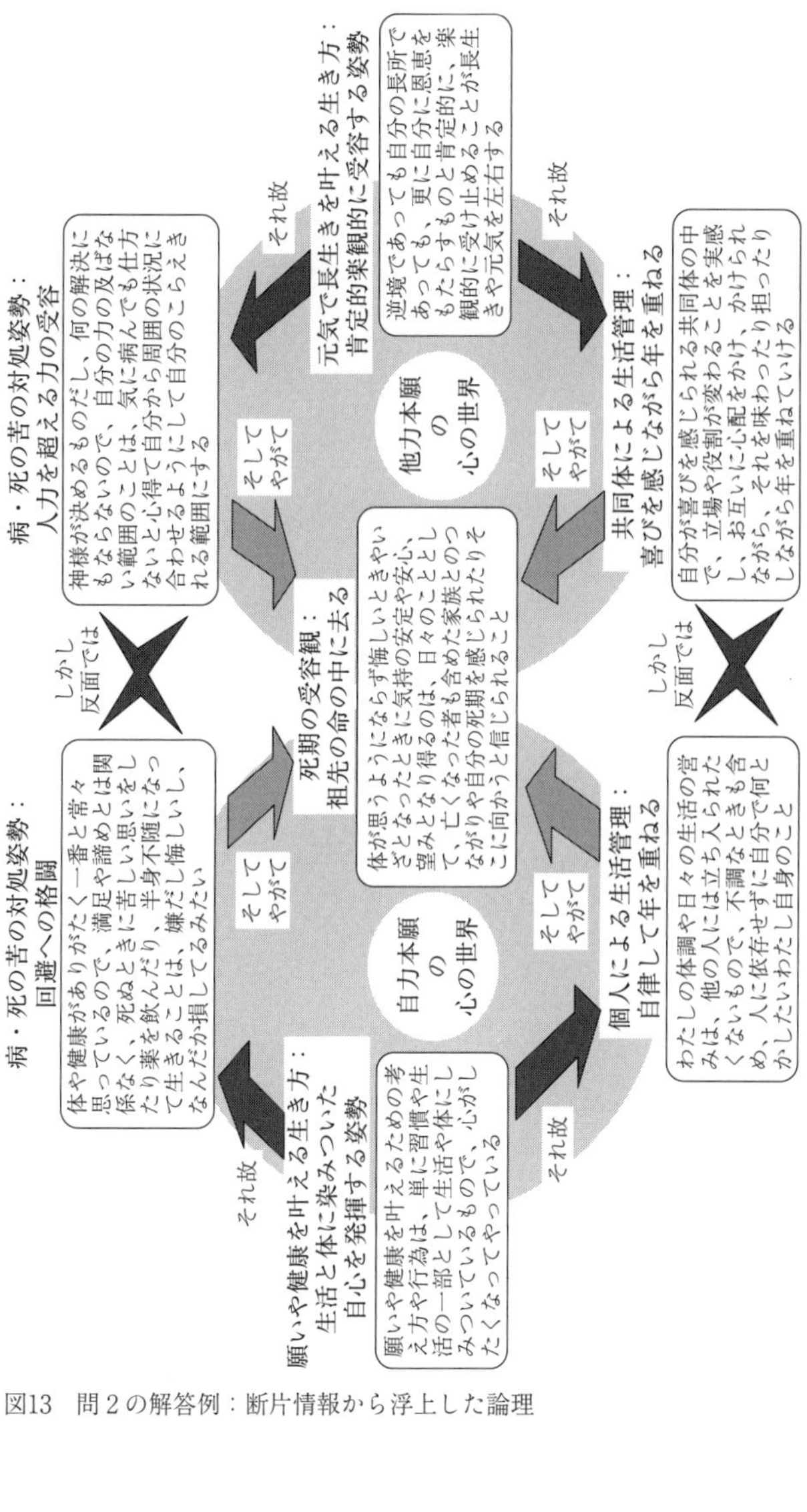

図13　問２の解答例：断片情報から浮上した論理

心の世界」に身を置く人、あるいは「他力本願の心の世界」に身を置く人、そして両方の世界を行きつ戻りつしながら生活している人。そこには個々人によって心の置きどころが異なるのが実態であるが、この二つの世界の中でやがて死期を受容しようとする姿が浮かび上がっている。

「見取図」の作成によって、このような論理が浮上するまでには七時間ほどを要しています。この論理構造を鑑賞しながら、「これならわたしもこの世を去ることができるかもしれない」という心境になりました。これが「悟り」というものかもしれないとも思い、まさに新たな意味の発見ができたのです。

さてあなたはこの分析結果をどのように感じますか。この事例から、KJ法及びそれに準拠した質的統合法による発想の整理法の、「なんちゃってKJ法」とは違う真の威力を垣間見ることができたのではないでしょうか。

ところで、実態を発見する喜びは、そこだけでは終わりませんでした。わたしはこの分析結果をしばらく鑑賞していたのですが、やがてこの論理構造にある種の不思議さを感じ始めたのです。内容に得心がいき、悟りに近いものを感じてはいたのですが、一方で素朴かつ根源的な疑問が湧いてきました。この疑問を解く「発想の整理法」について、次の第三章で説明します。

4　写真を使う

†写真の魅力

ここまでは、言葉を使って実態を捉える方法について解説してきました。少し難しさを感じた人もいるのではないかと思いますが、悲観することはありません。「言葉」に代わって「写真」が有効な手立てになる場合もあります。写真を使う利点は五つあります。

第一に、子供から高齢者まで、誰もが楽しみながら作業ができることです。一人でもできますが、何人かで一緒に作業ができるので、その面での楽しさもあります。もちろん言葉を使う場合でも何人かで作業はできますが、写真よりは少し難しさが伴います。

第二に、写真は「直接情報」で第一級のデータと言えます。どのような意味合いの写真なのか撮影者の説明は必要ですが、現場感、臨場感をもって写真の意味を受け止めることができます。

第三に、写真には要素としていろいろものが写っているので、多様な意味を拾い出すことができます。つまり写真は「多義的なデータ」なのです。結果、撮影した人と第三者が感じる意味合いが異なるということが往々にして生じます。そこからお互いに写真をもとにした語りに花が咲き、目が輝いてきます。情報を共有することで、合意形成の基盤づくりにもつながります。

第四に、写真は異文化コミュニケーションのツールとしても有効です。先に解説しましたが、国際協力事業団の研修でも実態把握のために写真を用いています。文化が異なる多様な国の参加者が一緒にグループで作業し、問題を考えることができます。

第五に、デジタルカメラの発達に加え、誰もがスマホで気軽に写真撮影ができます。写真はより身近で、様々なテーマで活用することも容易で、プリントアウトして作業にもそのまま使えます。分析した結果を撮影してデータとして共有することもできます。

写真は、記念写真や記録、工事現場などでの証拠、芸術作品といった使い方だけではなく、問題解決のツールとして大変魅力的です。

†写真を撮る

写真にはいろいろな要素が写り込んでいるので多義的だと説明しました。しかし、だからこそ、問題意識が明確になっていないと、どのような意味で撮影した写真なのかがあいまいになってしまいます。そのような理由から、テーマを定めて問題意識を発掘・確認した上で取材に出かける必要があります。

写真を実態把握のツールとして本格的に使うようになったのは、すでに解説した「寄りあいワークショップ」の手法を開発するようになってからです。住民に「地域を元気にするにはどうしたらいいか」というテーマでいきなりカメラを渡して、写真を撮ってきてくださいとお願いしても、写真自体は撮れますが、感度のいい写真は撮れません。

そこでは、先ほども紹介した「じゃんけんの準備」のステップが必要です。これが問題意識の発掘・確認になります。しかもどの問題が重要なのか「重みづけ」をして重点課題を見定めます。上位三〜五項目の重点課題を解決するために役立つ資源や改善箇所を撮影するように導くからこそ、感度のいいピントの合った写真が撮影できるわけです。

その上で、「何でも見てやろう」という精神で興味や好奇心を持って取材することで、鋭さとバラエティに富む幅広さを備えた写真取材ができます。

一つのテーマでの写真の撮影枚数は、一〇〇〜一五〇枚くらいを目安としています。例えば六人のグループで作業をする場合は、一人二〇〜二五枚くらいにしています。問題意識を共有して写真取材に臨みますが、六人の個性を活かした多様な角度から撮影することが重要です。

写真は現在進行形の現場でしか撮影できないので、過去と未来のことはどうしたらいいか、という質問をよく受けます。過去にこの場所でこんなことをしていた、こんな施設があってみんなが活用していたという場合は、現在のその場所を撮影します。そして写真の解説（キャプション）でそれを説明することで、過去についての説明も可能です。もちろん過去に撮影した写真があれば、それも利用します。逆に、この場所にこんな施設があるといい、という場合にも現在のその現場を撮影し、解説文をつけることで、未来のことも説明可能です。

写真取材では、撮影だけでなく、必要に応じて現場で関係者に話を聞いたり、資料にあたることもします。これらは写真の解説文を書くときに役立ちます。

なお、写真による実態把握は手作業で行います。自分で普通紙にプリントアウトするか、業者に光沢紙にプリントアウトしてもらいます。サイズは、写真の見やすさを配慮して通常はL判（八九ミリ×一二七ミリ）を使用しています。それが難しい場合には、ウインドウズの写真印刷で、A4用紙に九枚の写真を印刷しますが、これは写真がやや小さいのが難点です。

†写真を選ぶ

写真の枚数は、一〇〇～一五〇枚くらいを目安としましたが、実態把握の分析にすべてを使うことはしません。もちろん使わない写真を捨ててしまうわけではありません。そのなかからできるだけ違った要素の二五～三〇枚前後を選び出します。これは実態の基本構造をある程度把握するための枚数です。加えて、模造紙に貼って「見える化」するのに一枚の模造紙に載る適度な枚数となるからです。

写真をみんなで持ち寄ってグループで作業する場合は、次の図14の方法を使います。

ステップ1は、「写真の配布」です。まず模造紙を一六分割に折りたたんだ上で、みんなの前に広げます。そして持ち寄った写真を各自目の前に一覧できるように広げます。

ステップ2は、「写真の仲間づくり」です。まず一人が一枚の写真の意味合いを説明してから、一六分割のコーナーの最初の枠に写真を入れます。それと似た意味合いの写真を持っている人は、その場で説明して同じ枠のなかに入れます。

ステップ3として、「写真の仲間づくり」を繰り返します。二つ目の枠を使って、ステップ2と同様に枠のなかに入れていきます。写真の仲間の枠は一六前後になるようにします。少ない場合は仲間の数が多いところを分割したり、逆に一六を超えてしまっている場合は合併するなどします。

ステップ4～5は、「写真の選択」です。最初のコーナーの写真を一覧できるようにし

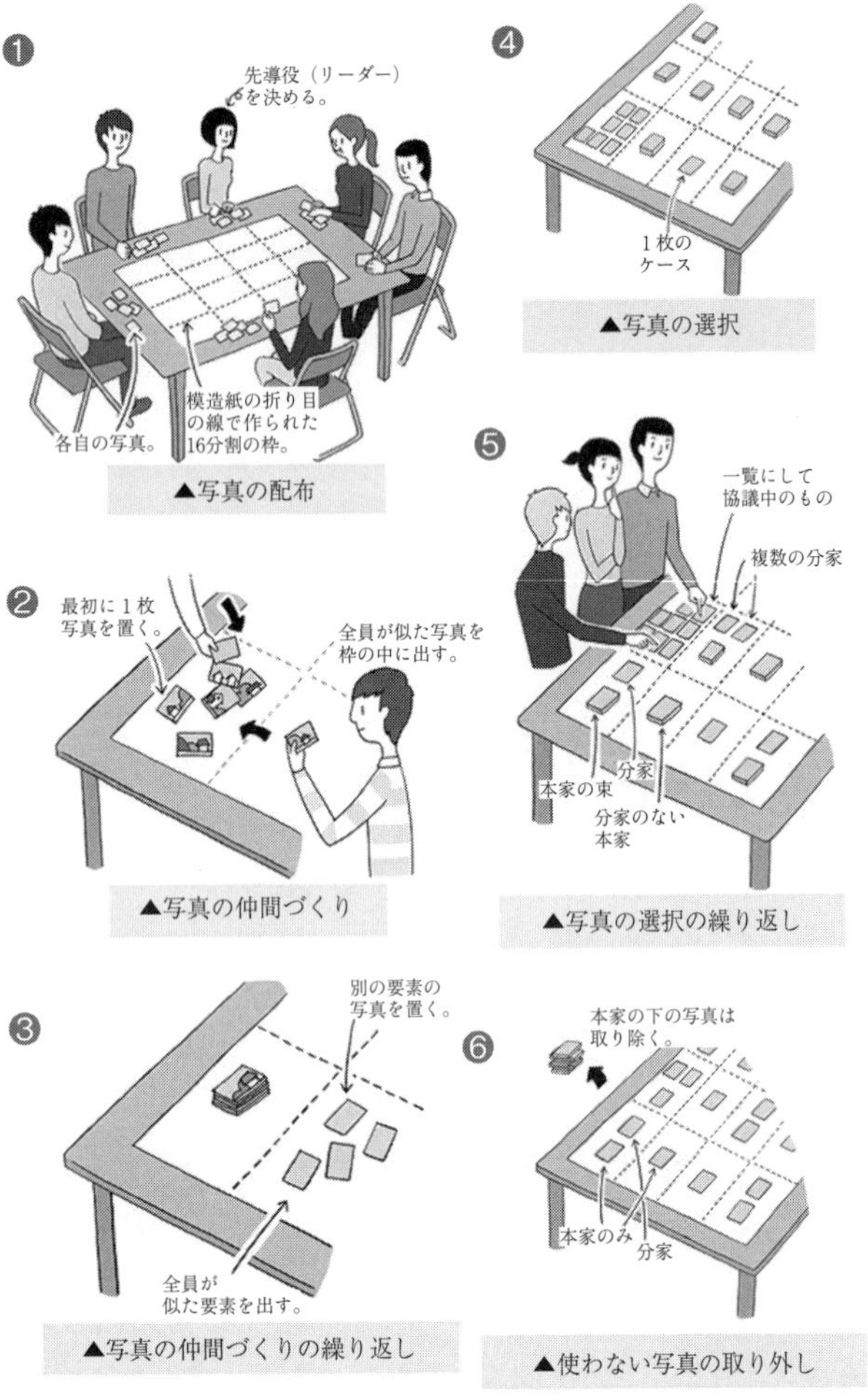
❶
先導役（リーダー）
を決める。
各自の写真。
模造紙の折り目
の線で作られた
16分割の枠。
▲写真の配布
❷
最初に１枚
写真を置く。
全員が似た写真を
枠の中に出す。
▲写真の仲間づくり
❸
別の要素の
写真を置く。
全員が
似た要素を出す。
▲写真の仲間づくりの繰り返し
❹
１枚の
ケース
▲写真の選択
❺
一覧にして
協議中のもの
複数の分家
分家
本家の束
分家のない
本家
▲写真の選択の繰り返し
❻
本家の下の写真は
取り除く。
本家のみ
分家
▲使わない写真の取り外し

（イラスト・チブカ マミ）

図14　写真枚数の絞り込みステップ

て、仲間の中で最も典型的な写真を一枚選びます。これを「本家」と呼んでいます。そのほかに変わった意味合いの写真があれば一～二枚くらい残します。これを「分家」と呼びます。「分家」がない枠も出てきます。「本家」と「分家」以外の残りの写真は、「本家」の下に積み重ねます。これを「本家」と「分家」の総数が二五～三〇枚前後になるように調整しながら、一六のコーナーすべてで行います。

ステップ6では、「本家と分家以外の写真を模造紙から取り外します」。取り外した写真は、十文字になるように重ねておきます。次のまとめ作業のときに、写真の入れ替えや新たな追加が起こった場合に、この中から探しやすくするためです。

ここまでが「写真の絞り込み」の作業です。

†写真をまとめる

写真をまとめる方法を「写真分析法」と呼んでいます。図15を参照してください。

ステップ1は、「写真の配置」です。本家と分家の写真を模造紙の上に広げますが、ここでは本家・分家という区別を外し、平等に扱います。本家・分家という位置づけは、絞り込むときの手続き上の呼び方に過ぎません。仮に二五枚の写真があるとします。あらためて全部の写真を見わたし、撮影した意味合いを意識しながら似ている写真二～三枚、多くても四～五枚くらいでグループを作ります。いずれとも仲間にならない一枚も一つのグループとして扱います。

ステップ2は、「関係の表示」です。グループ間の関係やつながりを探しながら位置を動かします。写真と写真の間に付箋《ふせん》などを用いて関係を表示します。一つのグループに着目したとき、上下・左右・斜めにできるだけ多くのグループとの関係を探して位置づけます。全体のイメージが漠然とでも摑めるように関係を表示します。

ステップ3は、「解説文の記入」です。写真の説明と撮影した意味合いをセットにして解説文を書きます。これには細い付箋を用いると便利です。ここはしっかりとした解説文になるように心がけます。サンプルを一つ（写真3）示しますので、記述の目安にしてください。

ステップ4は、「写真と解説文の貼りつけ」です。写真を貼る位置ですが、厚い光沢紙の写真は折りたたむことができないので、模造紙の折り目の上に載せないように配慮して配置します。普通紙にプリントアウトした写真と付箋の解説文は折り目を気にしなくて構いません。

ステップ5は、「一段階目の輪取り」です。写真一枚も含めてグループにマジックなどで「輪取り」を記入します。関係表示の付箋のところにはマジックで線を記入します。

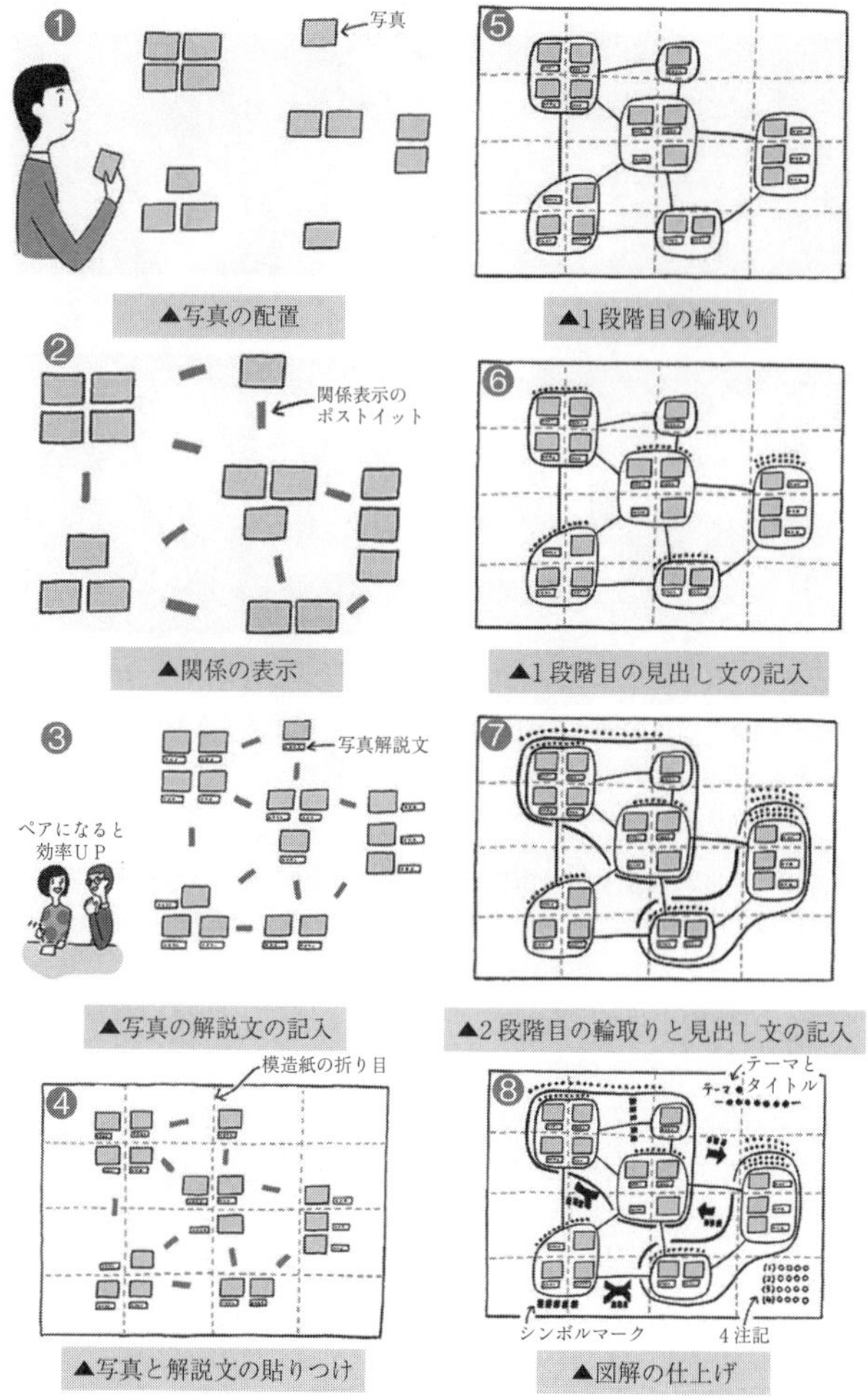
写真
▲写真の配置
関係表示の
ポストイット
▲関係の表示
写真解説文
ペアになると
効率ＵＰ
▲写真の解説文の記入
模造紙の折り目
▲写真と解説文の貼りつけ
▲1段階目の輪取り
▲1段階目の見出し文の記入
▲2段階目の輪取りと見出し文の記入
テーマと
タイトル
シンボルマーク
4注記
▲図解の仕上げ

（イラスト・チブカ マミ）

図15　写真分析作業のやり方

記述データ：市内名瀬小浜町にあるパン工房&カフェ&島料理の店のランチは、奄美の伝統的な家庭料理だというが、ヘルシーでしかも美味しく、若い女性に人気がでると思われ、伝統文化として次世代に継承していく価値がある。(98字)

写真3　写真の解説文例：鹿児島県奄美市地域支え合い運動の一環で行われた寄りあいワークショップのファシリテーター養成講座の現地調査

ステップ6は、「一段階目の見出し文の記入」です。質的統合法の「表札づくり」とほぼ同じ要領です。必ずしも類似だけでグループが出来上がっているとは限らないので、「見出し文」と呼んでいます。これは内容の要約・統合文です。原則は五〇文字前後の一文とするよう心掛けます。住民の方に作業してもらう場合は一〇文字前後のキーワードになりやすいですが、それでもよしとしています。

ステップ7は、「二段階目の輪取り」と「見出し文の記入」です。抽象度が少し上がった要約・統合文です。グループが数個になるまで、輪取りと見出し文の記入の段階を上げます。

ステップ8は、「図解の仕上げ」です。「質的統合法」と同じように、テーマ、関係記号と接続詞、シンボルワード、四つの注記（とき・ところ・データ源・作成者）を記入します。

こうして完成した図は、「資源写真地図」と呼んでいます。仕上がりイメージの参考に、サンプルを二つ提示します。写真4は、住民の方々による実態把握です。写真5は、住民の方々に地域のよさを再発見してもらうために、行政職員と一緒に作成した実態把握です。なお、「本家」と「分家」以外となった写真も、もちろん捨てるわけではありません。別の模造紙に「写真データリスト」（写真6）として一覧できるように貼っておきます。

写真をシャッフルして並べて貼ります。南極の氷山に喩えるなら、海面上に突き出しているのが「資源写真地図」、水面下にあるのが「写真データリスト」です。水面下の氷山は膨大な大きさをなしており、見えない部分が大きいと思います。その部分は写真に撮れていない部分と位置付けることができます。氷山の三層が実態の姿であり、わたしたちが実態を捉えることができているのは上の二層だという考え方をとっています。

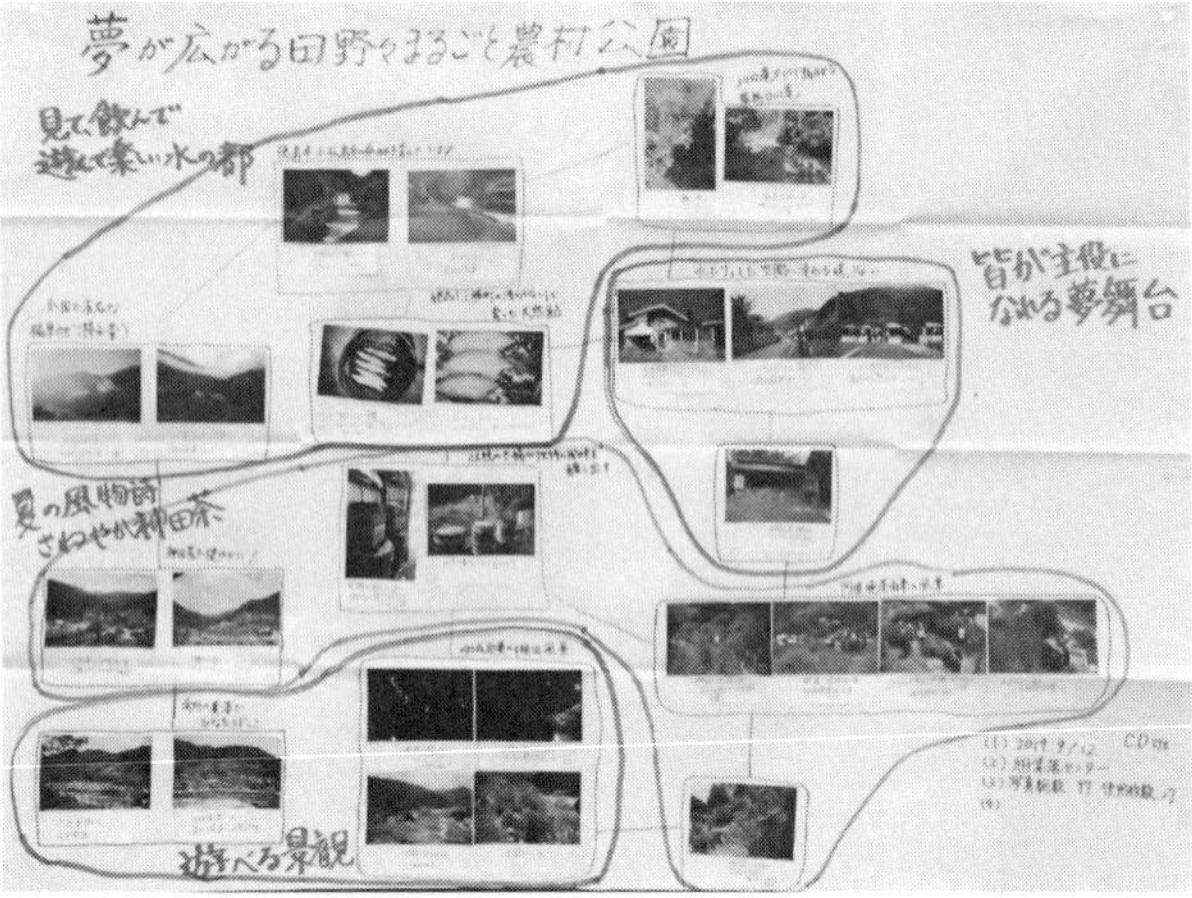

（上）写真４　写真分析の仕上がり例１：住民の作品（徳島県上勝町田野々地区）
（下）写真５　写真分析の仕上がり例２：行政職員と作成した作品（徳島県阿南市加茂谷地区）

写真6　写真データリストの例（静岡県文化財団寄りあいワークショップ研修）

†写真をまとめる利点

写真を使った実態把握は、主に地域再生や組織内の問題解決を目的として行っています。前にも解説しましたが、地域も職場も集団・組織で仕事をします。そこではいかに合意形成をはかるかが重要になります。写真を使うことで、人々の感性のレベルから言語のレベルまでつながる形で合意形成を醸成することができます。そこに写真をまとめる利点があります。

その他の分野で非常に面白く、楽しかったのは、若い女性が「かわいい」と表現するときの「かわいいとは何か」というテーマで取り組んだケースです。実態把握から「かわいい」のコンセプトを抽出して「かわいい商品を作ってみよう」というものでした。

参加者それぞれが地域に出て、「かわいい」と感じるシーンを思い思いに写真に収めてきました。なかには「かわいくない」姿も交えて写真を撮ってきた人もいました。写真分析は各個人で行いましたが、「かわいい」という実態からその本質的な要素が浮かび上がる体験をしました。

このように興味のあるテーマを掲げて写真分析をすることで、実態からその本質を浮かび上がらせることができるのだと、わたしは写真をまとめることに大きな可能性を感じています。このとき、ＪＡＬのパイロットを定年退職した人が描いた「かわいい椅子」のデザインが見事でした。参加メンバーに椅子職人がいたのですが、その人を含めみんなが絶賛したことが印象に残っています。

写真は誰もが撮影可能で、まとめることも容易なので、ぜひ興味あるテーマで試みてもらえたらと思います。

第三章

深く考える

1　四コマ漫画に発想の原点がある

†漫画の発想の仕組み

深く考える発想の原点に「四コマ漫画」があると言われても、怪訝《けげん》に思う人もいるのではないでしょうか。一昔前だったら、親に「漫画ばかり読んでないで勉強しなさい」と言われた人も多いと思います。しかし今では、「漫画で読む仏教」とか「漫画日本史」といった教養を学ぶ手段に漫画が大活躍し、日本の漫画は、欧米をはじめとした世界各国への「文化輸出商品」の筆頭に昇りつめています。「漫画、馬鹿にすることなかれ」です。

深く考える発想の整理法は、もともとは第一章で解説した「知恵を働かす仕事のやり方」のステップ③「本質追求」の考察の方法として着想を得たことに始まります。その後、実務の中で企画を立てる方法として自覚的に使ううちに、わたしたちには生まれながらにして「発想原理」が備わっているということを発見するに至りました。このような経験があって、よしながふみの『大奥』の一コマを目にしたとき、「発想原理」が台詞の中に存在していることに気づき、大変驚きました。わたしはその三つの台詞に注目しました。

「わしはこの徳川の世に生まれてきた将軍という名の人柱《ひとばしら》である！」

「万が一このまま男子が減り続けてこの世が滅ぶというならわしも共に滅びるまでのこと！」

「誰かわしが女将軍となることに異存はあるかえ⁉」


さて、この台詞の間に「接続詞」が入っていたら、あなたはこの漫画を読む気がするでしょうか。たぶん理屈っぽくて、とても読む気がしないのではないでしょうか。しかしあえて「接続詞」を入れてみましょう。【〇〇】という表示は、わたしが挿入した接続詞です。傍線で表示した部分は、本文にもともとあった接続詞です。●■▲という記号についてはすぐ後で説明します。

①●「わしはこの徳川の世に生まれてきた将軍という名の人柱である！」
②■【しかし】「万が一このまま男子が減り続けてこの世が滅ぶというならわしも共に滅びるまでのこと！」
③▲【よって（そこで）】「誰かわしが女将軍となることに異存はあるかえ⁉」（「異存は

あるかえ」を「⁉」で文を結んでいるので、「異存はあるまい」と解せる）

●は「最初の情報」か、後ほど別の事例に出てくる「追加・補足・連想」の情報を示しています。①に対して②は「反対・対立・矛盾」する情報なので■で表示しています。②に対して③の情報は「アイデア（こうするという解決の方向）」の情報なので▲で表示しています。加えて、これもあとで紹介する事例に出てきますが、②に対して③の情報が「掘り下げ・気づき・解釈・仮説」の場合は、▼で表示します。

三つの台詞の関係に着目してみると、①に対して②は矛盾した情報です。それを受けて③が新しいアイデアの情報になっています。したがって三者の関係は「矛盾型アイデアタイプ」と形容することができます。

この後説明する発想原理には、四つのタイプがあります。その一つが「矛盾型アイデアタイプ」です。それが『大奥』の台詞の中に存在することに気づき、わたしは前述したように大変驚いたわけです。

✝発想原理の四タイプ

以下では、「発想原理の四タイプ」について説明します。図16を参照してください。

「発想原理の四タイプ」は、「矛盾型」と「連想型」、「アイデアベクトル」と「掘り下げベクトル」で構成するマトリックスで表すことができます。

①には、「問題・悩み・疑問」の情報を入れます。

続いて、①の情報に対して「反対・対立・矛盾」する情報が②に入る場合が「矛盾型」。①の情報に対して「補足・追加・連想」する情報が②に入る場合が「連想型」です。

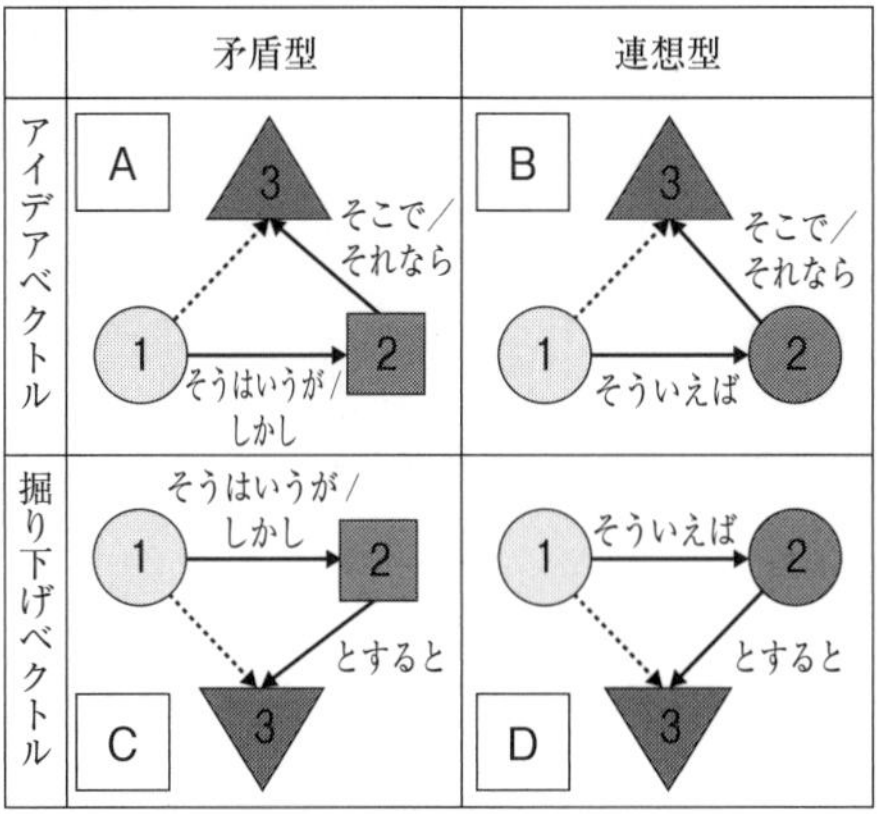

矛盾型
連想型
アイデアベクトル
掘り下げベクトル
A
B
C
D
1
2
3
そこで／それなら
そうはいうが／しかし
そういえば
とすると

図16　発想原理の４タイプ

一方、③に入る情報が「アイデア（こうするという解決の方向）」の場合が「アイデアベクトル」。「掘り下げ・気づき・解釈・仮説」の情報の場合が「掘り下げベクトル」となります。ベクトルと表現したのは、①と②の情報を踏まえ、それを受けて③を発想するという方向性があるからです。

思考の流れは、①→②→③となりますが、③は①も踏まえているので、両者の間に補助線が存在することから破線の矢印で表示しています。

見ての通り、三つの関係構造が「三角形」になっているので、「思考の三角形」と呼んでいます。まとめると、発想の原理は、次のような四つのタイプで構成されます。

Aタイプ――矛盾型アイデアタイプ
Bタイプ――連想型アイデアタイプ
Cタイプ――矛盾型掘り下げタイプ
Dタイプ――連想型掘り下げタイプ

先の『大奥』の事例は、「Aタイプ」になります。

†「思考の三角形」と「接続詞」が決め手

深く考えるには、発想原理の「思考の三角形」と「接続詞」が決め手になります。「接続詞」というのは、先ほどの図16の「思考の三角形」の矢印のところに書かれている言葉です。AタイプとCタイプの①から②への矢印には、「そうはいうが」「しかし」と記してあります。この接続詞が②の「〇〇ということがある」という「反対・対立・矛盾する事柄」を誘引します。

Bタイプとタイプの①から②への矢印には、「そういえば」と書いてあります。この接続詞が②の「○○ということがある」という「補足・追加・連想された事柄」を誘引します。加えて、AタイプとBタイプの②から③への矢印には、「そこで」「それなら」と書いてあります。この接続詞を受けて③の「○○しよう」という解決のアイデアを誘引します。

CタイプとDタイプの②から③への矢印には、「とすると」という表現が記されています。この接続詞を受けて③の「○○かもしれない」という「掘り下げ・気づき・解釈・仮説の掘り下げ」を誘引します。ここでいう「誘引」は、「誘い導く」という意味で使っています。

これらの「接続詞」が、わたしたちを深く考える思考へと「誘い導く」のです。

接続詞は文法上は、やや脇役的な存在として扱われている印象を受けます。しかし、深く考える思考においては、いちばん大切な主役を担っています。

例えば「ところで」という接続詞を見てみましょう。

会議中に、司会者から遠くの席に座った発言者がよく言う言葉です。意見交換が続く途中で手が挙がって、「ところで～」と発言が始まったとします。出席しているメンバーはどのように反応するでしょうか。一斉に発言者の方向に視線が注がれ、「何か別の話題が切り出されそうだな」と身構えるのではないでしょうか。

あるいは、「しかし～」と発言が始まると、反対の意見や別の角度からの意見が出されると予想します。「よって～」と発言が始まると、結論的なことが言われそうだと予想します。

このように「接続詞」には、話の方向性を示唆する力があります。この言葉を自分に向かって発すると、それに導かれて接続詞の機能に対応した考えや思いが自分のなかから出てきます。このことから、次の言葉を誘い導き出す機能が接続詞にあることがわかります。

そうした理由から、接続詞を「誘引詞」と呼んでいます。

このような機能を持つ「接続詞」と「思考の三角形」とが対となっているからこそ、わたしたちは深く考えることができます。その意味で、「接続詞」が思考の要なのです。

†朝日新聞連載四コマ漫画「ののちゃん」

では漫画には、本当に「発想原理の四つのタイプ」が存在するのでしょうか。

朝日新聞朝刊に長期にわたって連載されている、いしいひさいち「ののちゃん」という四コマ漫画を解析してみました。ビックリ仰天です。それらの発想原理が見事に存在したのです。作者のいしい氏は、もちろん本書で提示する発想原理を意識しているわけではなく、天才的に具《そな》わった発想力で作品を生み出しているのだと思いますが、わたしは意を強くしました。

二〇二〇年二月二日時点で「ののちゃん」は連載が八〇〇七回を数えますが、解析したのは二〇〇六年三月一九日から二三日の五日間のものです。

図17　4コマ漫画「ののちゃん」（朝日新聞2006年3月19日）：Aタイプ
©いしいひさいち

そのなかで、ここで取りあげるのは三月一九日の四コマ漫画です（図17）。

①―1●母「しもおたあ」（外出しようとするシーン）

①―2●母「ガスの元栓しめ忘れてきたワ？」

①―3●母「どないしよう。」

②■【しかし】母「靴はいてしもうたし。」

③▲【そこで（それなら）】お婆ちゃん「はよお行かんか!!」

これは、先ほどの『大奥』の台詞と同じようにAタイプ（矛盾型アイデアタイプ）の発想原理になります。

この時期にわたしが見た五日間で掲載された作品には、先ほどの四つの発想原理が見事に現われていたのです。さすがに超一流の漫画家だと感心しました。そして、わたしも「発想原理の四タイプ」を訓練すれば、発想力が身につくのではないかと勇気づけられました。

†漫画の大御所・手塚治虫に学ぶ

わたしは「ののちゃん」の解析体験から、漫画作者の発想に深い関心を抱くようになりました。そこで手にしたのが手塚治虫《おさむ》『マンガの描き方』です。いくつか示唆に富む学びを得ましたが、そのなかの二つを取り上げます。

第一は、四コマ漫画が持つ意味についてです。少し長くなりますが、引用します。

四コマ漫画は、漫画のスジ立ての基本である。練習するしないで、実力もまったく違ってくる。

ぼくも終戦直後漫画を始めたころ、四コマ漫画の勉強はずいぶんしたものです。このころは、長編漫画を発表できるところがなくて、しかたなく四コマ漫画を描いていたのだが、このことは後になって、いい経験となった。

現在ストーリー漫画家として活躍している人も、ほとんどが四コマものの経験者である。石ノ森章太郎、つのだじろう、両藤子不二雄、赤塚不二夫、みんな四コマ漫画から育ったのだ。こういう人たちは、成人物も子どももむけも、絵本でも劇画でも描くことができる。器用だからというのではなしに、四コマ漫画がみっちりと基礎を作ったからなのだ。

漫画家として名声を博した人は、器用だからではなく、四コマ漫画の経験の積み重ねが基礎を作ったから成功したのだという点です。四コマ漫画と同じ仕組みを持つ「発想原理の四タイプ」も、同様に訓練を重ねることで深く考える基礎力が培われることを示唆しています。

第二の学びは、四コマ漫画と長編漫画の関係です。

四コマを、一〇も一〇〇も並べると、長編になる。あるいは、四コマを水増ししても、長い物語ができる。（中略）

長編といっても、原理は短いものと同じだ。すべての漫画の原型である四コマまんがを、たくさん積み重ねたものであったり、短いアイデアを水増ししたものと考えてよいだろう。（同書）

長編漫画の原型は四コマ漫画で、それをたくさん積み重ねることで長編が出来上がるとしている点が、非常に示唆に富んでいます。

それでは、四コマ漫画の積み重ねが長編漫画につながるという原理の萌芽《ほうが》を示す事例をさらに紹介しましょう。それは「山梨日日新聞」の連載四コマ漫画かまちよしろう「ゴンちゃん」（二〇〇九年四月一七日朝刊）にわかりやすい姿で現われています（図18）。

①●ばあば「なにしてるの？　ゴンちゃん」（ゴンちゃんが、鏡の前に向かって化粧をしているばあばの髪の毛をふにょふにょしているシーン）【思考の三角形①】

②●ゴンちゃん「ふにょふにょしてんの」「ばあばの髪のお玉」（隣の部屋からその様子をじいじが見ているシーン）【思考の三角形②】

図18　4コマ漫画「ゴンちゃん」©かまちよしろう

③▼ゴンちゃん「気持ちいいから」【思考の三角形③、そしてこれを①とみなして】

②●じいじ「こりゃいい」（と言いながら、ばあばの髪のお玉を「ふにょふにょ」するシーン）【思考の三角形②】

③▲（ばあばが、鏡に口紅で「一回一〇円」と書き込んでいるシーン）【思考の三角形③】

ここには、台詞の後ろの【〇〇】のなかに示したように、①→②→③／①とみなして→②→③の連続が明確に現われています。これまでわたしは、藤子・F・不二雄『ドラえもん』や臼井《うすい》儀人《よしと》『クレヨンしんちゃん』、弘兼《ひろかね》憲史《けんし》『課長島耕作』、手塚治虫の作品を含め長編漫画を解析しましたが、いずれも思考の三角形の連鎖になっていることが確認できました。

実は、発想原理の四タイプはあくまで原型であり、その四タイプを縦横に連鎖させて深く考えることができる点でも漫画の発想と共通するのです。思考の三角形の①→②→③次いで③を①とみなして②→③、次いで③を①とみなす形で連鎖を展開します。しかも、Aタイプ・Bタイプ・Cタイプ・Dタイプの各タイプを縦横に連鎖させます。

発想原理の四タイプの連鎖を学んだ慶應大学湘南キャンパスの学生は、次のような感想を寄せてくれました。

・自分の脳みそがそのまま出てきた感じ。
・欧米ではディベートを徹底してやる分、論理力が鍛えられる。日本の高等教育では、現代文授業における論理的思考能力の養成という観点が抜け落ちているので、この方法の普及は日本人の論理力の向上に役立つと思う。マジ受けてよかったです。
・実に斬新なブレーンストーミング方法で、反省と企画に使えるのが魅力的。

深く考える発想の整理法を、とても的確に捉えてくれている感想です。論理的発想がブレーンストーミング感覚でできる方法だと集約できます。この感想を踏まえ、この方法を「ロジカル・ブレスト法」と名づけました。

†作業の道具

「ロジカル・ブレスト法」の道具として、表計算の定番ソフト「エクセル」を使います。エクセルは表計算だけではなく、言葉を使って考えるツールとしても便利です。画面がマトリックスになっているので、ページが右方向と下方向に無限に使え、自由に思考を広げて展開できます。加えて、セルに記入順の通し番号を付すことで、検索機能で目指す番号

	A	B	C	D
1	テーマ（思考命題）:			
2	①問題・悩み・疑問（接続詞＋本文／60〜80字位）		①問題・悩み・疑問（接続詞＋本文／60〜80字位）	
3	②知識・情報・事実・体験・経験・制約条件・リスクなど（接続詞＋本文／60〜80字位）	③アイデア発想／仮説発想（接続詞＋本文／60〜80字位＋文末に▲または▼）（▲＝アイデア、▼＝掘り下げ・気づき・解釈・仮説）	②知識・情報・事実・体験・経験・制約条件・リスクなど（接続詞＋本文／60〜80字位）	③アイデア発想／仮説発想（接続詞＋本文／60〜80字位＋文末に▲または▼）（▲＝アイデア、▼＝掘り下げ・気づき・解釈・仮説）
4				

図19　エクセル上でのロジカル・ブレスト法の展開フォーム

のセルを呼び出すこともできます。

展開のフォームは、図19になります。

セルA1とB1を結合して、「テーマ（思考命題）」と入力します。セルA2には、「①問題・悩み・疑問（接続詞＋本文／六〇〜八〇字位）」と入力します。セルA3には「②知識・情報・事実・体験・経験・制約条件・リスクなど（接続詞＋本文／六〇〜八〇字位）」、セルB3には「③アイデア発想／仮説発想（接続詞＋本文／六〇〜八〇字位＋文末に▲または▼）（▲＝アイデア、▼＝掘り下げ・気づき・解釈・仮説）」と入力します。

あとは必要に応じて、セルA2とセルA3とセルB3の内容をそのままコピーして、右側二列に順次ペーストしていきます。加えて、罫線を表示していくと見やすくなります。

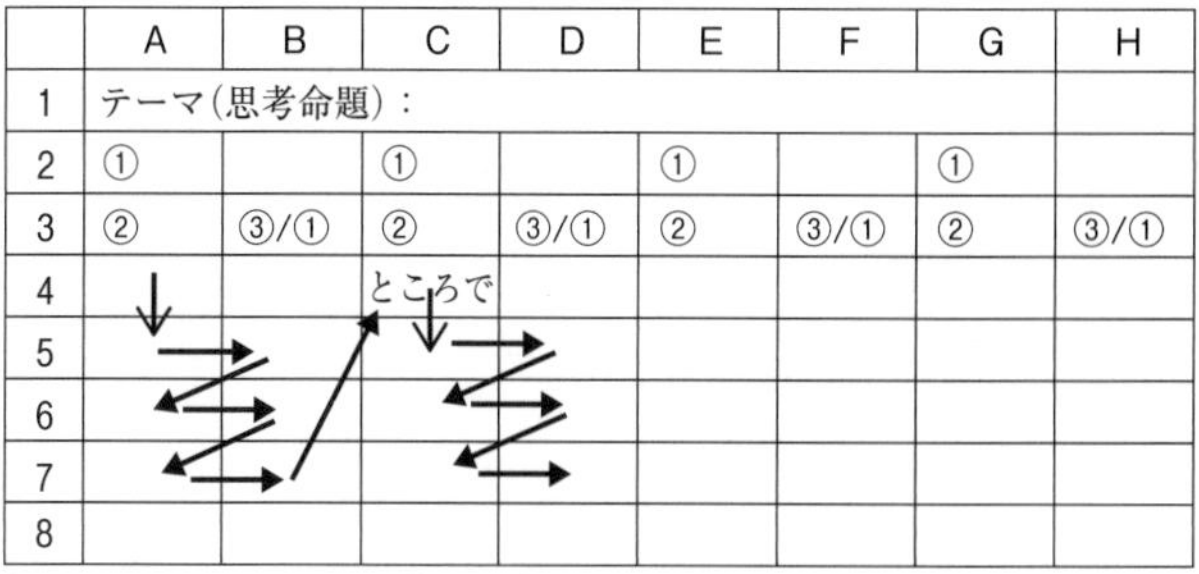
A
B
C
D
E
F
G
H
1
2
3
4
5
6
7
8
テーマ(思考命題)：
①
①
①
①
②
③/①
②
③/①
②
③/①
②
③/①
ところで
図20　エクセル上での思考の三角形の展開イメージ

目で見る作業のステップ——発想するルールは単純

次に、エクセルの展開フォームに沿って考えてみます。

図20の矢印のようにセルを使って「思考の三角形」を連鎖させます。思考の三角形①（セルA4）→②（セルA5）→③（セルB5）（①とみなして）→②（セルA6）→③（セルB6）（①とみなして）→②（セルA7）→③（セルB7）と、連鎖させていきます。

仮に、③（セルB7）まできて、一応の結論なり納得できる発想が得られたら、一般的には「ところで」の接続詞を用いて別の角度から新たに思考の三角形の連鎖を行います。このときは右隣のセル二列に移動します。①（セルC4）→②（セルC5）→③（セルD5）（①とみなして）→②（セルC6）→と連鎖させていきます。

図20には表示していませんが、一応の結論にいたったときのほかに、発想が行き詰まったときにも新たなセルに移

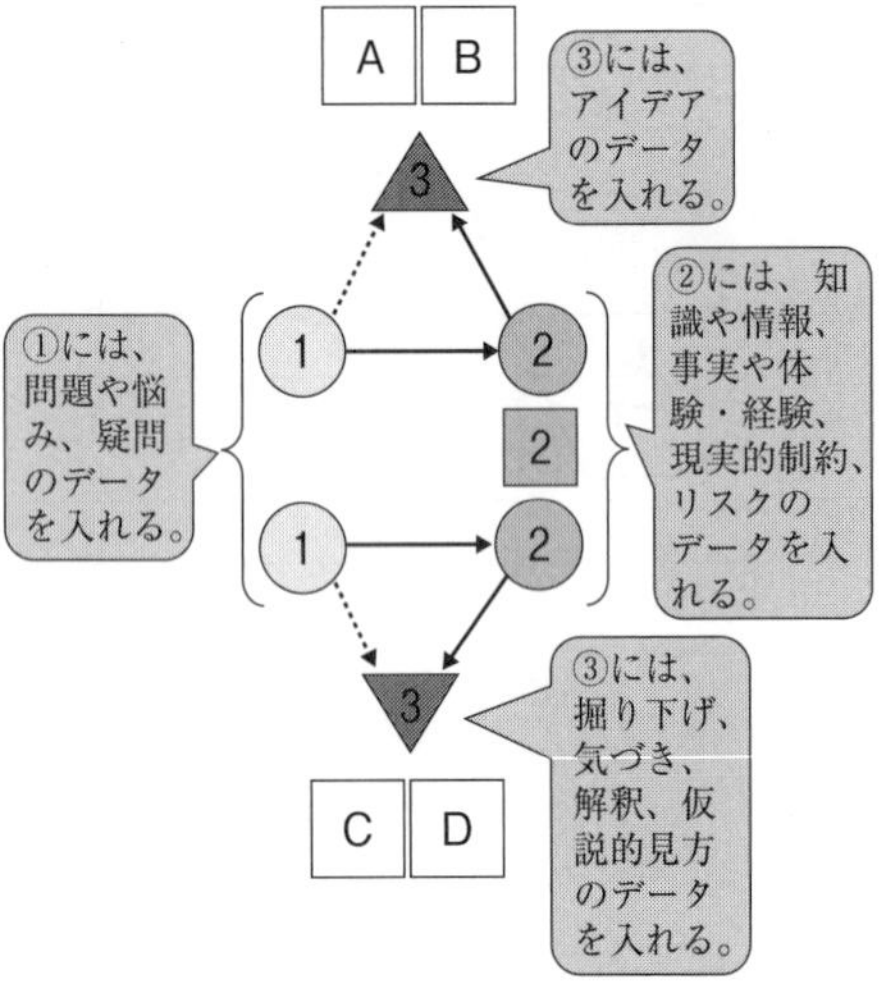

図21　思考の三角形の展開構造

動します。そしてある程度右方向に展開していく中で、折に触れて行き詰まった箇所に再び戻ってその先を展開するようにします。その意味で右方向へ展開しつつ自由に左方向と行き来しながら、下方向に向かって展開していきます。

　このようにセルを使って展開する記入ルールはいたって単純です。これに従って、各セルにどのようなデータを入力していくか、その発想のルールも単純です。図21を参照してください。

　思考の三角形の①には、「問題や悩み、疑問」を入力します。②には、「知識や情報、事実や体験・経験、現実的な制約条件、リスク」、③には、AタイプとBタイプの場合は「アイデア（こうしたらいいという解決案）」を入力し、CタイプとDタイプの場合は「掘り下げ、気づき、解釈、仮説的な見方」を入力します。

併せて、文頭に通し番号を入力します。左方向のセルに戻っても、通し番号は一系列にします。そして通し番号の次には「接続詞」を必ず入力してから本文を入力します。思考の三角形の③には、文末に「アイデア（こうしたらいいという解決案）」の場合は「▲」、「掘り下げ、気づき、解釈、仮説的な見方」の場合は「▼」を入力します。

2　思考の三角形を使う

†ロジカル・ブレスト法の手順

ここからはロジカル・ブレスト法を、実例を交えながら解説します。ロジカル・ブレスト法の手順は、次の三つのステップに分けられます。

ステップ１――テーマ設定（思考命題）
ステップ２――思考の展開（思考の三角形と接続詞を使って考える）
ステップ３――結果の活用（仮説・アイデアを活かす）

手順はいたってシンプルです。これから具体的な進め方の要領を解説します。

†テーマを決める

ステップ1は、「テーマ設定」です。

ロジカル・ブレスト法では、「思考への命令文」というスタイルをとる必要があります。そのことからこれを「思考命題」と呼び、考える課題を明示することで、何をどう考えるかを明確にします。テーマによって、頭や身体、心が自然に動き出す、すなわち考え出すようにするためです。それゆえ、何についてどう考えるかがわからない「～について」といった表現は避けます。

一つの方法としては、課題を背景とともに明確にします。必要なら二〇〇～四〇〇字ほどの文章に記述してみるといいです。そして課題を解決するために、何をどう考えたらいいか明らかにします。

表現の語尾は、「～する」となるようにします。例えば「～を考える」「～の原因を究明する」「～を考察する」「～検討する」「～の戦略を練る」「～の戦術を案出する」「～の解決策を立案する」「～の対策を考える」「～の具体的手立てを考える」「～の計画を立案する」「～を開発する」「～のデザインを設計する」といった表現にします。

テーマは、検討する内容にもよりますが、基本的には課題とする現場が見えるように具体性を加味して設定するといいです。文字数でいうなら四〇字程度、できれば六〇〜八〇字程度を目安とすると、リアリティのあるテーマ設定ができます。テーマがリアルであるほど、考えが深まり、現実に食い込んだ仮説やアイデアが発想できます。

次のようなリアリティのあるテーマがその例です。

（1）わが社の国際取引が拡大するなかで、若手社員の英語力の向上をはかる育成計画を立案する。（四二字）

（2）社員のやる気を引き出すために、業績評価において会社（上司）と部下の評価の乖離《かいり》を埋める評価法を考える。（五〇字）

（3）看護分野において、急速に進展するＩＴ社会化（ＡＩ・ビッグデータ・ロボットの進展）をどう活用し、何に気をつけなければならないかを考える。（六五字）

ここでは、入社一年目の新入社員の事例を紹介します。医薬品の開発段階における毒性試験の分野で、海外企業との取引も多い企業。営業職の女性社員です。

テーマは、「定時内に仕事が終わらないので、終わらせるようにするにはどうしたらいいか方法を考える」（四一字）です。

✝「思考の三角形」と「接続詞」を使う

ステップ2は、「思考の展開」です。

新入社員の思考の展開から、「思考の三角形」と「接続詞」がどう使われているか、その出だしを見てみましょう。ここでは、「思考の三角形」の番号①②③と●■▼▲を文頭に表示します。併せて、接続詞に傍線を表示し、思考の三角形のタイプがどのように連鎖するのかがわかるようにします。

1）①●ところで、仕事が定時内に終わらなくて困った。木曜日に通っている英会話スクールに行けていない日もあるな。

2）②●しかも、電話の取り次ぎも多く、最近外出も増えてきて、見積作成やメール返信が終わらない。

3）③▼とすると、タスクが積み重なってきたときに、何が終わっていないか、何を優先すべきか把握する必要がある。▼

4）③▲（①番とみなして）そこで、今自分が抱えている仕事を見えるようにするべき。

例えば、紙に手書きでやることリストを作成する、あるいは、スマートフォンのリマインダーを使用するとか。▲
5）②●そういえば、経験値が違うと言っても、周囲の人より一つの仕事に時間をかけすぎている気がする。例えば見積作成とか。
6）②■そうはいうが、見積作成するときに、ただ単に一試験○○円等の決まった価格ではなく、お客さんの考えている試験のデザインによっても価格は変わってくる。
7）③▼とすると、お客さんが何を目的としているのか、何を評価したいのかを把握する必要がある。▼

ここから見えてくることは、実際の「思考の三角形」はAタイプ・Bタイプ・Cタイプ・Dタイプが必ずしも単純に連鎖するわけではないということです。「3）③▼↓4）③▲」は、仮説的な見方からそれを反転させてアイデアに向かうケースです。「5）②●↓6）②■」は、「補足・追加・連想の情報」を踏まえてそれとは「反対・対立・矛盾する情報」が誘引されるケースです。

さらに「2）しかも」の例のように、接続詞も右に例示しているものに限定されるわけではありません。ただし、ロジカル・ブレスト法の作業の最初の段階では、右に挙げた接続詞を使うことを勧めます。伝える力【話す・書く】研究所所長の山口拓朗氏によれば、日本語の接続詞は一五〇以上、また国立国語研究所教授の石黒圭氏によれば、およそ三四〇になるといいます。実に膨大な数にのぼります。

慣れてきたら、自分の感覚にピタリとくる接続詞を使うといいと思います。ただし、「反対・対立・矛盾」の関係と「補足・追加・連想」の関係、「アイデア発想の方向」なのか、「掘り下げの方向」なのか、などを意識して接続詞を使うことが鉄則になります。

†考えを書き出す

さて、ステップ2「思考の展開」の続きです。

ロジカル・ブレスト法の書き出すデータは、図19に示したように「通し番号、接続詞、本文（六〇〜八〇字を目安に）、文末には③のデータの場合はアイデアか掘り下げかを▲▼で表示」の方式で入力します。文字数を目安とすることで、結果としてデータがリアリティをもったものになります。

考えた内容は、文字だけではなく、絵や図、表、数式、化学式なども可能な限り用いて表現します。これもリアリティを出す手立てになります。手書きの作業の場合は絵や図の記述はしやすいですが、エクセルのセルには入力が難しいです。メモ用紙に書くなど、記録として残すようにします。メモの頭には、セルの該当箇所の通し番号を付記することで、参照できるようにします。

さらにリアリティのあるものにするために、できるだけ実名を使ってデータ化します。テーマが抽象的な場合でも、対象や事柄が特定できるようにすることが大切です。実名を書くことで後日問題が生じる可能性がある場合は、記号化して記述するようにします。実名というのは人物の個人名を指すだけではなく、指示する対象や事柄についても特定できるようにすることを意味します。

考える過程で頭の中、身体の中、心の中の「矛盾・葛藤」を素直に表現し記述することが、ここでの作業の急所になります。実名を書くのは、「矛盾・葛藤」が起きやすくするためでもあります。そして可能なら、そこで生じた「矛盾・葛藤」を乗り越えるように発想していきます。それがロジカル・ブレスト法のAタイプとCタイプを促します。

併せて、「矛盾・葛藤」だけではなく、「連想・発想」、さらには「飛躍」を表現することもここでの急所になります。それらはロジカル・ブレスト法のBタイプとDタイプを促します。

ただし「頭だけに聴く」のではなく、「身体に聴く」ことがきわめて大切です。わたしたちは「考える」行為は頭で行うと思いがちですが、頭とともに身体全体で考える行為を行っているのです。ロジカル・ブレスト法では、それが実感として感じられます。そのことから「身体に聴く」ことの重要性が見えてきます。

だから必然的に、感情や肉声が出ないとダメだということになります。それでは人間関係のテーマしか扱えないのではないかと受け止められるかもしれませんが、そんなことはありません。技術的なテーマや、一般に人間の感情とは関係がないと思える自然科学のテーマでもこのことは当てはまります。

ずいぶん昔にさかのぼりますが、「田熊《たくま》式ボイラー」という性能のいいボイラーがありました。田熊常吉《つねきち》という人が自らボイラーの気持ちになりきることで、どこを改善したらいいかがわかり、それに基づいて改善していった結果、性能のいいボイラーが生み出されたと言われています。別の例では、自動車工場の製作機械のロボットに「花子」とか「幸子」といった名前が付けられていたという話も聞いたことがあります。このような話を聞くと、感情、肉声の重要性がわかる気がします。

「身体に聴く」ということは、「身体が考えてくれる」ということでもあります。だから、たとえ深刻なテーマでも作業者本人は決して深刻にならないことが大切です。身体が考えてくれるから、それに促されるままにデータを記述していくといいです。これを別の側面から見てみると、頭に浮かんできたことに対して、善し悪しの評価をせずに入力していくのがいいということになります。

作業を進めるなかで、データが出にくくなってきたら、それまでの内容をおさらいしましょう。テーマに対する「得心《とくしん》」がいくまで、「合点《がてん》」がいくまで考える作業を行います。

なお、入力にはあまり時間をかけず、一データ二分くらいを目安とするといいでしょう。

†発想された仮説・アイデアを活かす

深く考える作業によって得心、あるいは合点がいく段階がきたら、発想した仮説やアイデアを活用します。活用の方法は考える作業の目的によって定まってきます。何らかの打つ手を考えるのが目的ならば、セルの二列の右側の▲のデータに、研究の考察の場合は▼のデータに着目し、採用するアイデアや仮説のセルに色を塗ります。その上で、企画書や論文の場合は、必要な個所のデータを活用しながら文章化し、あるいは、実行を目的としたテーマでは、採用したアイデアにもとづいてすぐ実行に移します。

3　身体と知識を使って考える

問3――把握した実態は何を意味するか

ロジカル・ブレスト法の進め方が一通り理解いただけたと思うので、本格的に活用した事例を題材に「問3」の問題を提示します。

第二章の「問2」の解答例として示した見取図の論理構造は非常に納得がいく内容だったこと。しかし、分析結果をしばらく鑑賞していたら、その論理構造にある種の不思議さを感じ始めたこと。内容に得心がいき、悟りに近いものを感じてはいたのですが、素朴かつ根源的な疑問が湧いてきたと説明しました。そして、この疑問を解くための発想の整理法が、ロジカル・ブレスト法なのです。

わたしが抱いた「素朴かつ根源的な疑問」が問3の内容です。

【問3】

全体構造には、仏教の世界観の「自力本願の心の世界」と「他力本願の心の世界」が浮かび上がってきたが、真ん中の「死期の受容観」は仏教の世界観とは違うのではないか。これは何を意味しているか。

さてあなたはこの問いにどう答えますか。

†ヒント1――身体に聴く

「身体に聴く」ことの大切さについては、いま少し説明しましたが、ここにロジカル・ブレスト法の重要な原理があります。

原理はこうです。AさんとBさんが、何やら議論を戦わせています。最初は和やかに進み、やがて激しくなり始めました。するとある瞬間に、AさんがBさんに向かって「お前は馬鹿だ！」と言ったとします。Bさんはどうするでしょうか。人にもよりますが、とっさに手がでてAさんを叩いてしまったりします。叩くことは暴力なのでよくはありませんが、これは「お前は馬鹿だ！」というAさんの「言葉」に「身体」が反応したからです。できるなら、その「身体」の反応を「言葉」にして返すのがいいわけです。つまりここには、「言葉→身体→言葉」という連鎖が見て取れます。

ロジカル・ブレスト法は、この「言葉→身体→言葉」という連鎖を基本原理としています。「思考の三角形」の①の「言葉」を入力します。それに「身体」が反応します。その鎖です。

「身体」の声を聴いて②の「言葉」を入力します。それにまた「身体」が反応します。その「身体」の声を聴いて③の「言葉」を入力します。③を①とみなしてそれに「身体」が反応します。このようにして「思考の三角形」の連鎖は、「身体に聴く」という作業の連鎖です。

このように身体に聴くことで、それまでは自覚していなかった内容が身体から出てくるのです。つまり、新たな発想の泉は身体なのです。

†ヒント2――体験・経験・知識・情報とWEB情報を使う

さて、身体に聴くといっても身体に何かが蓄積されていなければ、何も出てきません。第一章で説明した「知識の収納庫」が豊富であることが要件です。繰り返しになりますが、知識の収納庫は、（1）専門知識、（2）教養知識、（3）経験知識の三つで構成されています。特に重要なのは、知恵が湧く源泉となる「経験知識」です。深い「専門知識」と幅広い「教養知識」を使って現場で経験を積むことで、「経験知識」となります。その意味で、日ごろから知識の収納庫を豊富にする努力が欠かせません。

加えて、必要に応じて文献や様々な媒体からの情報収集も役立ちます。またＩＴ社会では、ＷＥＢの情報も役立ちます。ただし、いずれも間接情報なので、情報の信頼度を確認しながら活用する必要があります。
これらの情報は、先ほどのエクセルのセル二列で見てみると、左側の列に入る情報です。こちら側の情報が新鮮かつ確かな情報であればあるほど、右側の仮説とアイデアの質が高まります。逆から見ると、左側は仮説とアイデアの発想の根拠になります。

†問3の解答例――高齢者が捉える健康観の本質

高齢者が捉える健康観の本質は、どの角度から解明するかによって、いくつかの見方が可能です。学問研究の視点からは主に三つの糸口があります。（1）問題意識にもとづく研究疑問からの必然的問い、（2）先行研究の理論や考え方との類似と対比、（3）素朴かつ根源的な疑問・不思議感です。この点については、第五章の「学術研究に応用」のところで補足説明します。

ここでの解答例は、（3）素朴かつ根源的な疑問・不思議感からの考察の試みです。正解はないので、あくまで仮説的な一つの見方です。ロジカル・ブレスト法の思考展開のプロセスは、図22を参照してください。思考展開のプロセスの通し番号に沿って解説文を綴っています。解説文では、すべて「思考の三角形」の連鎖のデータを使いながら、可能な限り「接続詞」をはずすことで、読みやすい文章になることも確認してください。ただし

	A	B
10		10）すなわち、死を迎えるということは、この世から祖先からの命の流れの中に再び去る、すなわち戻ると解することができる。ここに日本人の死生観があるのではないか。▼
11	11）なぜなら、このことを物語る高齢者たちの思いは、「亡くなったものも含めた家族とのつながりや自分の死期を感じられたりそこに向かうと信じられること」という心境に集約される。	12）それ故に、この姿こそが、老いの過程を受け止めつつ死を迎える過程での「高齢者本人から捉える健康の視点」の重要な要素あるいは中核的な要素といえよう。▼
12		13）とすると、わたしたちの精神の構造は、自力本願の心の世界と他力本願の心の世界から構成される仏教的心の世界の上層構造とともに、その深層構造として縄文時代以来の祖霊崇拝の心の世界からなる「２層構造の心の世界」になっていると考えられる。▼
13		14）それ故に、死期を迎える最期には、上層構造の仏教ではなくより古い時代に形成されていた深層構造の祖先崇拝（あるいは祖霊崇拝）の心情が顔を出してくるのではないか。▼
14		15）そこで、健康という視点から高齢者の死期の受容を導くためには、仏教が説く生老病死の苦からの救済とともに、深層の祖先崇拝（あるいは祖霊崇拝）とその延長線上にある家族とのつながりの心情を充足させる支援の手を差し伸べることが、深い心の世界においては求められるだろう。▲
15	16）そういえば、欧米の病院には、亡くなる前から病床にキリスト教の牧師が訪問し、患者と話をしている場面をテレビや映画で見ることが多い。	
16	17）しかし逆に日本では、仏教のお坊さんが病床の患者を訪ねると、「縁起でもない」と言われてしまい、まず出入りはできない。	
17	18）加えて、多くの人は家族に見守られてこの世を去りたいと願っており、実際にも最期の場面では家族を呼ぶのが常である。	19）とすると、このことからも日本人の死期の受容観は「仏教」ではなく、「縄文時代の死生観」にあるということには一定の確かさがあるのではないか。▼
18		20）そこで、これから団塊の世代をはじめ多くの人が亡くなる時代を迎えるにあたって、お坊さんに代わる精神の安らぎをもたらすことができる何らかの役割の人が必要となる。▲
19	21）そういえば、……。	

	A	B
1	テーマ（思考命題）：高齢者本人から捉える健康観の視点の中に、やがて必然的に迎えざるを得ない死はどのように位置づけ、捉えられているのかを考察する。	
2	❶問題・悩み・疑問（誘引詞／接続詞＋本文／60～80字位	
3	❷知識・情報・事実・体験・経験・制約条件・リスクなど（誘引詞／接続詞＋本文／60～80字位）	❸アイデア発想／仮説発想　誘引詞／接続詞＋本文／60～80字位＋文末に▲または▼）（▲＝アイデア、▼＝掘り下げ、気づき、解釈、仮説）
4	1）ところで、高齢者はやがて死を迎える。これは生ある人間の必然である。わたしたち日本人は、その多くが「仏教」という宗教によって死を受け止め、死後の世界を思いめぐらしていると常識的に考えてきた。	
5	2）そして、浮かび上がった実態からは、確かに自力本願の心の世界と他力本願の心の世界が浮かび上がり、世俗的には仏教の生老病死の苦の世界が前面に出てきている。	
6	3）しかし、死を迎える最後には、死期の受容観として「祖先の命の中に去る」という「祖先崇拝」の心情が顔を出しているのは、なぜなのか。	
7	4）そういえば、近年発掘された青森県の三内丸山遺跡には、集落の周囲を囲むように死者の骨壺が埋まっていたという。（岡村道雄、『日本の歴史01 縄文の生活誌』、講談社、2000、277－280）	5）とすると、仏教が日本に入ってくる以前の縄文時代には、祖先の霊とともに人々はこの世の世界を生きていたと考えられる。▼
8	6）そういえば、わたしの幼いころは、祖先崇拝につながる伝統行事が暮らしの中に息づいていた。お盆になると家の門の前で藁を燃やして、その煙で先祖を迎え、お盆の終わりには、墓に先祖を送りに行ったことを思い出す。	7）とすると、お盆の行事は確かに一見仏教行事のように見えるが、その本質は縄文時代以来の祖先崇拝（あるいは祖霊崇拝）の精神世界が息づいているとみる方がいいのではないか。▼
9	8）そういえば、浮かび上がった実態の姿の中心は、死期の受容観として「祖先の命の中に去る」とシンボリックに表現しているが、表札は、「身体が思うようにならず悔しいときやいざとなったときに気持ちの安定や安心、望みとなり得るのは、日々のこととして、亡くなったものも含めた家族とのつながりや自分の死期を感じられたりそこに向かうと信じられること」となっている。	9）ということは、「祖先の命の中に去る」というのは、わたしたちの命は祖先から延々とつながってきている命の流れの延長線上にあり、その一角として自らの命がこの世に現われており、死とは、祖先からの命の流れの中に再び戻ることになるのではないか。▼

図22　ロジカル・ブレスト法による「問3」の深く考えるプロセス

ロジカル・ブレスト法では、「接続詞」を必ず使うことが鉄則です。その対称性も、図22と次の解説文を見比べながら確認してほしいと思います。文体は、「である」調から「ですます」調に変更しています。

【高齢者から捉える健康観の本質】

高齢者はやがて死を迎えます。これは生ある人間の必然です。わたしたち日本人は、その多くが「仏教」という宗教によって死を受け止め、死後の世界を思いめぐらしています。分析によって浮かび上がった実態からは、確かに「自力本願の心の世界」と「他力本願の心の世界」が浮かび上がりました。世俗的には、仏教の生老病死《しょうろうびょうし》の苦の世界が前面に出ています。

しかし、死を迎える最期には、死期の受容観として「祖先の命の中に去る」という「祖先崇拝」の心情が顔を出しているのは、なぜでしょうか。

近年発掘された青森県の三内《さんない》丸山遺跡には、集落の周囲を囲むように死者の骨壺が埋まっていたといいます（岡村二〇〇〇）。とすると、仏教が日本に入ってくる以前の縄文時代には、祖先の霊とともに人々はこの世の世界を生きていたと考えられます。

わたしの幼いころは、祖先崇拝につながる伝統行事が暮らしの中に息づいていました。

お盆になると家の門の前で藁《わら》を燃やして、その煙で先祖を迎え、お盆の終わりには、お墓に先祖を送りに行ったことを思い出します。お盆の行事は確かに一見仏教行事のように見えますが、その本質は縄文時代以来の祖先崇拝（あるいは祖霊崇拝）の精神世界が息づいているとみた方がいいのではないでしょうか。

浮かび上がった実態の姿の中心は、死期の受容観として「祖先の命の中に去る」とシンボリックに表現しているが、表札は「身体が思うようにならず悔しいときやいざとなったときに気持ちの安定や安心、望みとなり得るのは、日々のこととして、亡くなったものも含めた家族とのつながりや自分の死期を感じられたり、そこに向かうと信じられること」となっています。「祖先の命の中に去る」というのは、わたしたちの命は祖先から延々とつながってきている命の流れの延長線上にあり、その一角として自らの命がこの世に現れており、死とは、祖先からの命の流れの中に再び戻ることになるのではないでしょうか。死を迎えるということは、この世から祖先からの命の流れの中に再び去る、すなわち戻ると解することができます。ここに日本人の死生観があるのではないでしょうか。

このことを物語る高齢者の思いは、「亡くなったものも含めた家族とのつながりや自分の死期を感じられたり、そこに向かうと信じられること」という心境に集約されます。この姿こそが、老いを受け止めつつ死を迎える過程での「高齢者本人から捉える健康の視点」の重要な要素あるいは中核的な要素といえます。

わたしたちの精神の構造は、自力本願の心の世界と他力本願の心の世界から構成される仏教的心の世界の上層構造とともに、その深層構造として縄文時代以来の祖霊崇拝の心の世界からなる「二層構造の心の世界」になっていると考えられます。それ故に、死期を迎えるころには、上層構造の仏教ではなく、より古い時代に形成されていた深層構造の祖先崇拝（あるいは祖霊崇拝）の心情が顔を出してくるのではないでしょうか。

健康という視点から高齢者の死期の受容を導くためには、仏教が説く生老病死の苦からの救済とともに、深層構造の祖先崇拝（あるいは祖霊崇拝）と、その延長線上にある家族とのつながりの心情を充足させる支援の手を差し伸べることが、深い心の世界においては求められるでしょう。

欧米の病院では、亡くなる前から病床にキリスト教の牧師が訪問し、患者と話をしている場面をテレビや映画で見ることが多くあります。逆に日本では、仏教のお坊さんが病床の患者を訪れると「縁起でもない」と言われてしまい、まず出入りができません。多くの人は家族に見守られてこの世を去りたいと願っており、実際にも最期の場面で家族を呼ぶのが常です。

このことからも日本人の死期の受容観は「仏教」ではなく、「縄文時代の死生観」にあるという結論には、一定の確かさがあるのではないでしょうか。これから団塊の世代をはじめ多くの人が亡くなる時代を迎えるにあたって、お坊さんに代わる精神の安らぎをもたらすことができる何らかの役割の人が必要になります。

ここまでがロジカル・ブレスト法の展開を文字通り、ストーリー化した内容です。これを受けてここまでの内容を結論づけると、次のようになります。

【結論】

日本人の精神構造は、自力本願の心と他力本願の心から構成される仏教的心の世界の上層構造とともに、その深層構造として縄文時代以来の祖霊崇拝の心の世界とからなる「二層構造の心の世界」になっています。

そして、世俗の世界にあっては上層構造の生老病死の仏教的心の世界に心の救いを求め、やがて死期の受容期には、上層構造の仏教ではなくより古い時代に形成された深層構造の祖先崇拝（あるい祖霊崇拝）の心根が浮上します。

ここに高齢者本人が捉えた健康観から浮かび上がった、死期を受容していくわたしたち日本人の姿の原理と本質があります。

このように考察を進めると、この仮説からは臨床現場での看護の領域がかなり関わってくることが考えられます。あるいは、宗教者との連携による高齢者支援に道を開く道筋も見えてくるのではないかと思います。

近年、看護学の研究分野では「スピリチュアル」「スピリチュアルケア」という視点からの研究が始まっています。日本人におけるスピリチュアルな観点からの看護の支援に、この仮説は重要な示唆を提供してくれると同時に、具体的な処方の案出の指針も示唆してくれていると思います。

†補足——思考の鋳型

ロジカル・ブレスト法によって深く考えるには、「思考の三角形」と「接続詞」が決め手だと説明してきました。先ほどの図22を見ていただくと、そのことがよくわかると思います。しかし、「高齢者から捉える健康観の本質」の解説文では、図22の二〇データの文頭にある接続詞のうち、「(3) しかし」「(5) とすると」「(14) それ故に」の三つだけを残しました。それ以外の接続詞を使わずに「思考の三角形」のデータをそのまま綴ることで、論理的なストーリーが出来上がっています。四コマ漫画のところでも説明しましたが、ここでも接続詞はほとんど出現しません。

ではなぜ接続詞がなくてもストーリーが理解できるのでしょうか。

四コマ漫画で考えるとわかりやすいと思います。漫画の台詞に接続詞が入っていたら、誰もが読む気がしないのではないでしょうか。前に説明しましたが、それは漫画のストーリーが「理屈っぽくなる」からです。また欧米をはじめとした海外への日本からの文化輸出商品のトップになっているということは、漫画が論理的に出来上がっているからだとも説明しました。

つまり、「思考の三角形の四つのタイプ」が「発想の論理構造」であるとともに、読者から見れば「納得の論理構造」にもなっているということになります。しかも接続詞がなくても理解できるということは、読者の側に四タイプを受け止める受け皿（受容器）があるということになります。これを「思考の鋳型《いがた》」と呼びます。これを使って発想し、ストーリーをキャッチしているわけです。この章の初めのところで説明した「発想原理」の正体は、この「思考の鋳型」だったのです。

わたしたちには、生まれながらに「思考の三角形の四タイプ」の思考の鋳型が備わっています。この機能をよりよく発動させるのがロジカル・ブレスト法です。手塚治虫が指摘しているように、著名な漫画家は器用だからではなく、四コマ漫画でみっちりと基礎を作ったから多様なスタイルの漫画が描ける、ということを思い出してください。四コマ漫画と同じ発想原理を持つ「思考の三角形の四タイプ」を自覚的に訓練することで、論理発想の基礎をつくることをお勧めします。

第四章

企画を立てる

1　こころの矛盾を整理する

†四コマ漫画の仕組みを応用する

四コマ漫画の発想の仕組みは、「思考の三角形の四タイプ」とその連鎖であることは、前章で解説した通りです。この発想の整理法を「ロジカル・ブレスト法」としました。企画を立てるには、この方法を応用します。

ロジカル・ブレスト法は、エクセルのセルの二行を単位として「思考の三角形」の連鎖を行います。この方法の強みは、パソコン上でいつでもどこでもリズミカルに論理発想ができる点です。そして、セルの二行の右の行に仮説とアイデアが表示され、しかも▼と▲で表示されているため、必要な箇所のデータを取り出して、すぐに実践に役立てることができます。しかしこの方法には弱点もあります。発想された全体像が俯瞰できないので、発想の整理が未成熟な点です。企画を立てるには、全体像を構造的に把握しなければなりません。

企画を立てる方法は、具体的には二つの工程にわかれます。前工程は、四コマ漫画の発想の仕組みと同じロジカル・ブレスト法の展開です。ただし、マトリックス上のエクセルに展開するのではなく、用紙の真ん中にテーマを表示し、そこから三六〇度の全方位に「思考の三角形」の連鎖を展開する点で異なります。後工程は、展開された「思考の三角形」の連鎖を構造的に統合し、全体像を「見える化」します。このようにロジカル・ブレスト法とのいくつかの違いはありますが、四コマ漫画の仕組みの応用であることにはかわりありません。

†企画力で実務を切り開く

先ほど、ロジカル・ブレスト法では、肉声が大事だと説明しました。その延長線上にある企画を立てる発想の整理法とは、「生身の身体で考える方法」だといえます。物事を悩み、考え、打開するのは、内なる声に耳を傾け、自らの小宇宙（ミクロコスモス）を介して宇宙（マクロコスモス）の声を聴くことです。そのような意味から、企画を立てる発想の整理法を「コスモス法」と呼んでいます。

わたしはＫＪ法の創案者川喜田氏が主宰する研究所に二〇年間在籍しましたが、在籍一〇年目頃から実務の打開方法として「コスモス法」を自覚的に使うようになりました。当時は、研究所のマネージメントと様々な企画業務に携わるなかで、四苦八苦するたびにコスモス法で企画立案をして現実の課題を打開してきました。このときの発想の整理法は、川喜田氏の『KJ法――渾沌をして語らしめる』という著作のなかに、わたしが執筆した「Ⅷ　探検ネット再論――KJ法の実務化」として収録されています。

では実務において四苦八苦するとはどういうことでしょうか。少し立ち入って考えてみましょう。わたしたちは、日々業務や暮らしの実践に取り組んでいます。そして様々な問題に遭遇して悩み、それに伴う矛盾・葛藤を身体の中に宿していきます。これを図23では、「矛盾・葛藤の胚胎《はいたい》」と表現しています。やがて行動は行き詰まります。

そこで、認識の世界でコスモス法が役立つ場面となります。コスモス法の前工程は、胚胎した矛盾・葛藤の体感認識をロジカル・ブレスト法の展開によって言語化し、目に見える形にします。このとき、テーマを中心にして三六〇度に「思考の三角形」を連鎖させる点が、エクセルのセルの二行を使う方式と異なることはすでに説明しました。

後工程は、表現された矛盾・葛藤を統合して「知的認識」を形成します。この統合のプロセスは「葛藤の弁証法」のプロセスになっており、一度新しい「知的認識」が生成されるとそれまでの「体感認識」は、この葛藤の弁証法のプロセスに身体が乗って新しい「知的認識」のレベルに移動します。その結果、身体は新たな「知的認識」を体現します。それによって「腑に落ちる」「得心がいく」状態になると、身体は再び行動の世界に移るこ

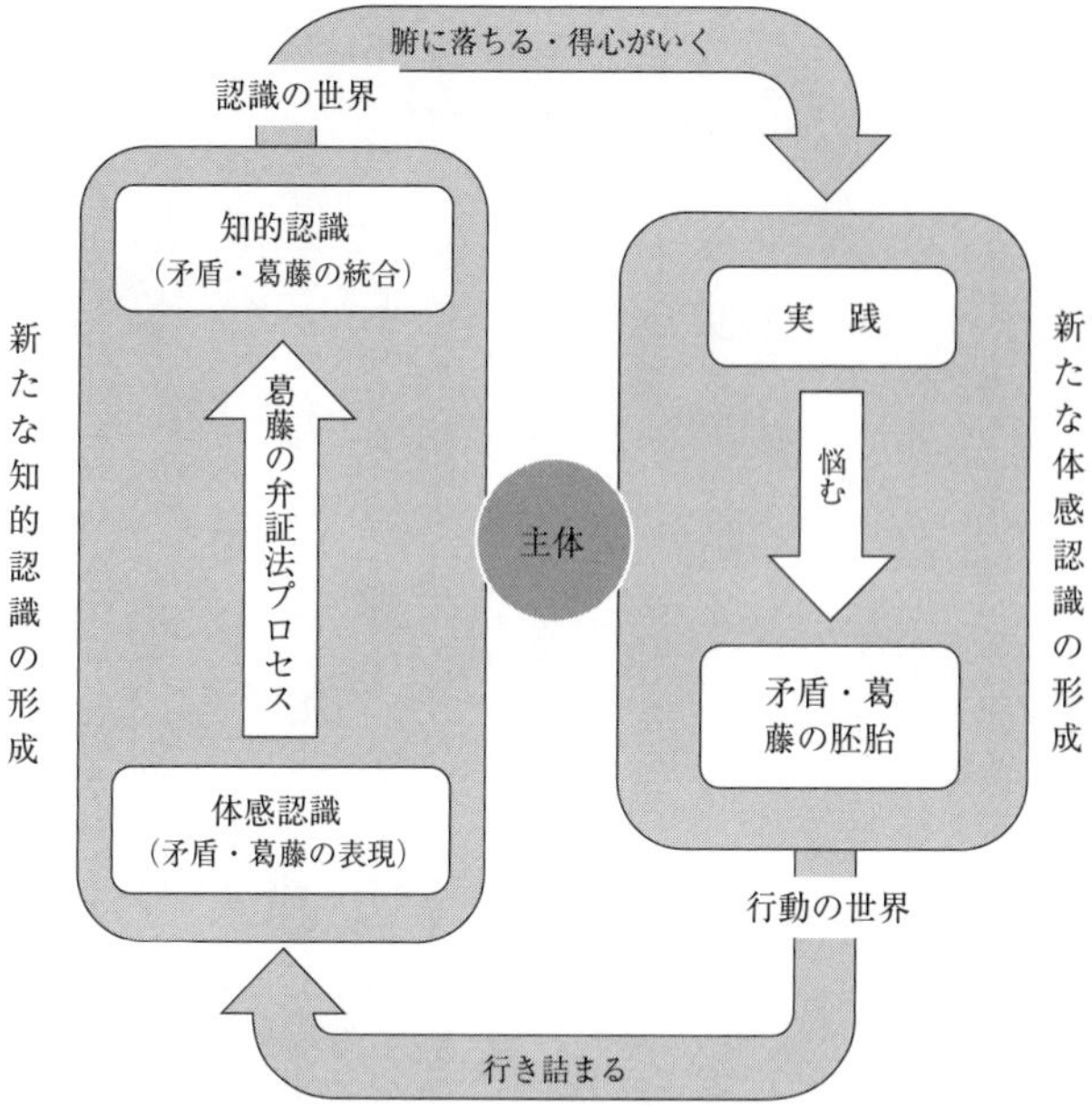
腑に落ちる・得心がいく
認識の世界
知的認識
（矛盾・葛藤の統合）
葛藤の弁証法プロセス
体感認識
（矛盾・葛藤の表現）
新たな知的認識の形成
主体
実　践
悩む
矛盾・葛藤の胚胎
新たな体感認識の形成
行動の世界
行き詰まる

図23　認識と行動におけるコスモス法の原理

とができ、次の実践へとつながります。

　しかし、この行動もやがて矛盾・葛藤を胚胎して行き詰まることになり、次のサイクルへと進みます。このように捉えると、認識と行動におけるコスモス法の原理は、「心の矛盾・葛藤の弁証法」だと解することができます。また、こうして生じた新たな「知的認識」こそが企画内容となります。

†作業の道具

　コスモス法は、最初は手作

業で進めることをお勧めします。慣れてきたらパソコン上で、行うこともできますが、身近な文房具類で気軽に取り組むことができますので、以下に道具の例を示しましょう。

（1）模造紙（通常は半裁を使用。大きなテーマの場合は全裁を使用）、（2）ボールペンかサインペン（細字）、（3）カード（二センチ×七センチくらいのサイズ。シール状でミシン目から切り離せる方式が便利）、（4）ゼムクリップ（小サイズ、一〇〇個）、（5）修正テープ、（6）マジック（中字と太字、黒・赤・青・緑の四色）。

また、パソコンでの作業は、エクセルの描画機能を使います。

†目で見る作業のステップ――発想し、まとめるルールは単純

コスモス法の作業は、次の六つのステップからなります。図24は、手作業の流れのイメージです。エクセル上の展開イメージは、次の節で紹介します。

ステップ1――テーマ設定（思考命題）
ステップ2――ネットづくり
ステップ3――カードの固定（手作業の場合。エクセル上の展開は、ネットづくりの段階で位置が固定しているのでこの作業は不要）

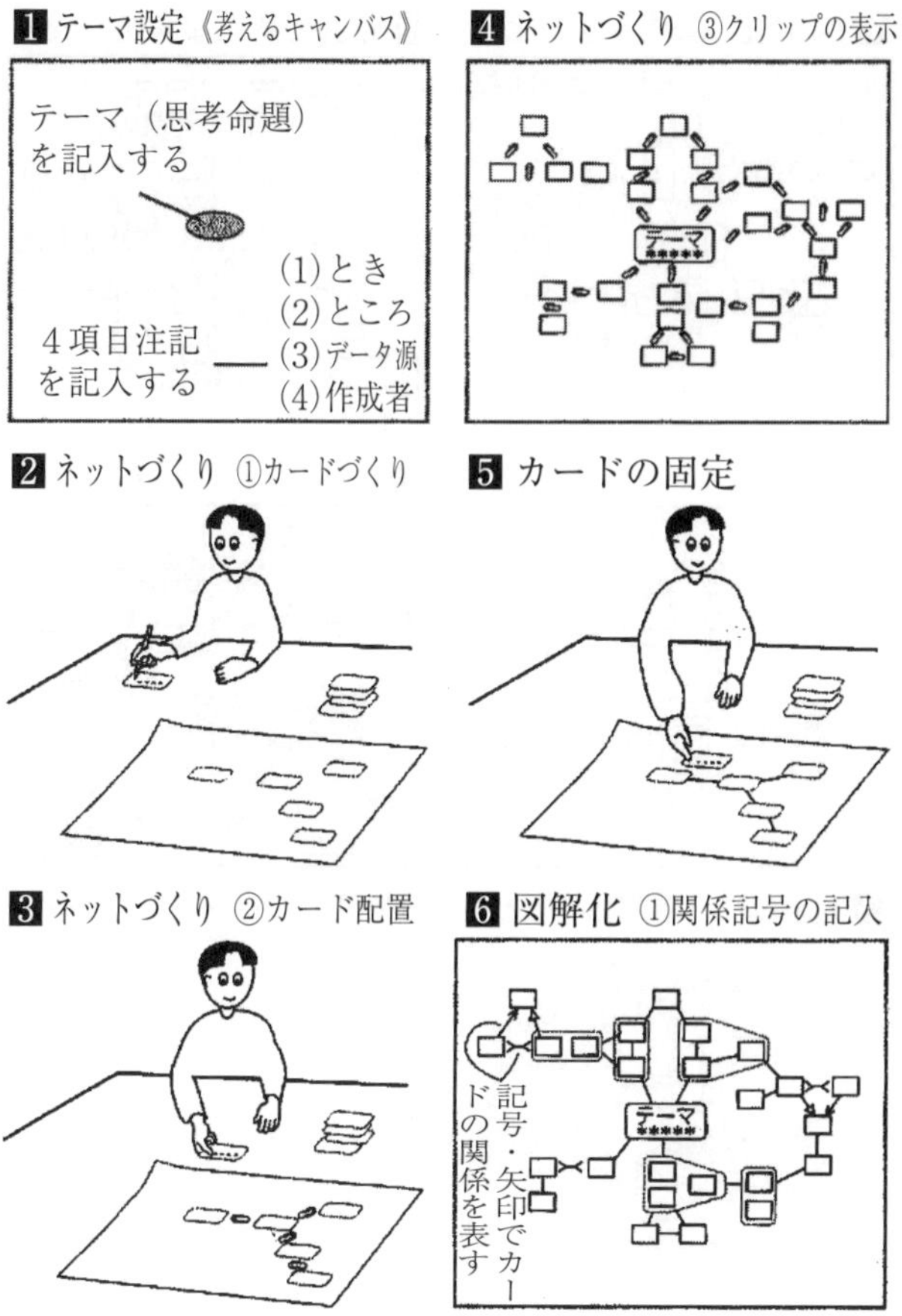

1 テーマ設定《考えるキャンバス》
テーマ（思考命題）を記入する
(1)とき
(2)ところ
(3)データ源
(4)作成者
4項目注記を記入する
2 ネットづくり ①カードづくり
3 ネットづくり ②カード配置
4 ネットづくり ③クリップの表示
テーマ
5 カードの固定
6 図解化 ①関係記号の記入
テーマ
記号・矢印でカードの関係を表す

図24-1　コスモス法の手作業の流れのイメージ

7 図解化　②輪どりの記入

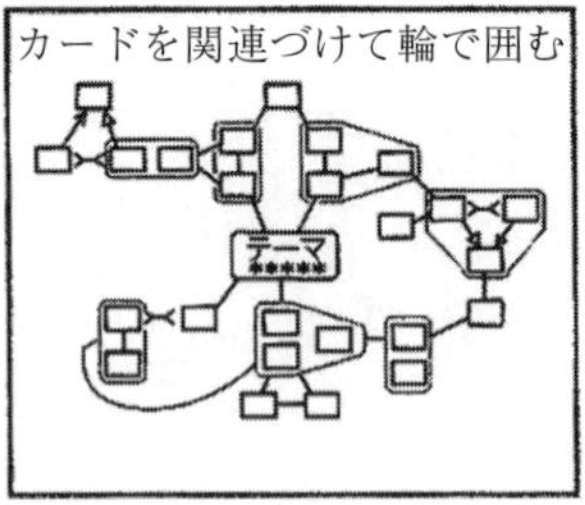

8 図解化　③見出し文づくり

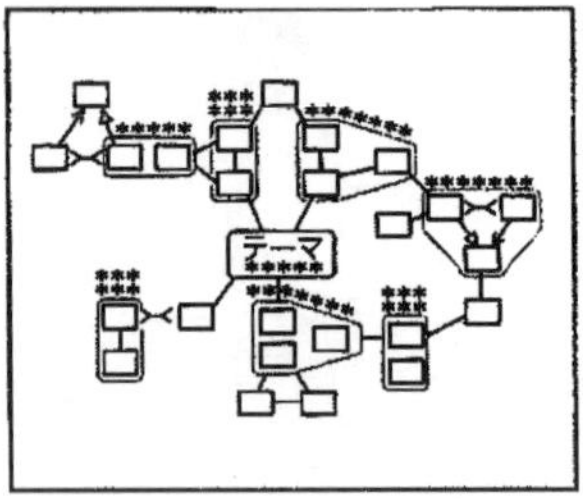

9 図解化　④図解化の仕上げ

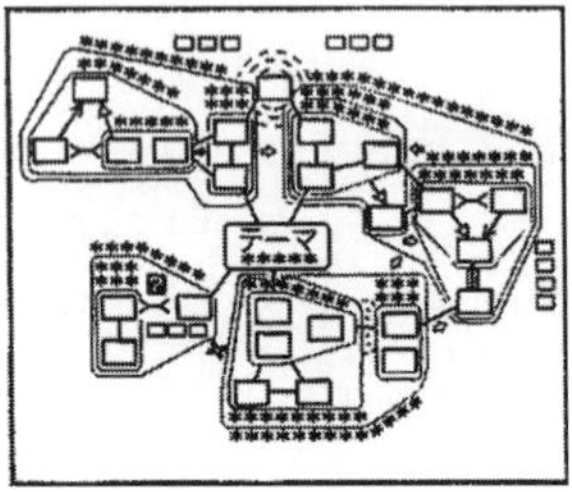

10 結論と新たな課題の表示

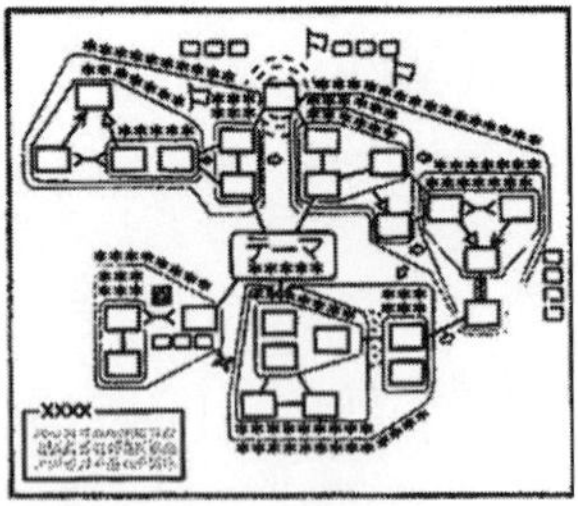

11 活用方法の指示

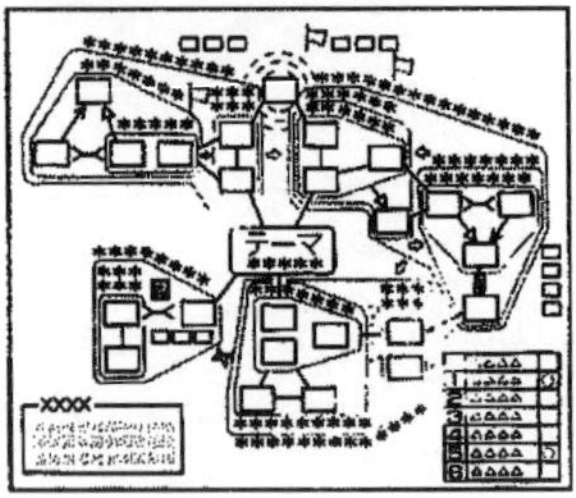

図24-2　コスモス法の手作業の流れのイメージ（前ページの続き）

ステップ4――図解化
ステップ5――結論と新たな課題の表示
ステップ6――結論の活用方法の指示

進め方のルールを補足します。ステップ2でまずは「思考の三角形」が見えるように配置します。ステップ3では、配置した位置に貼りつけて固定します。ステップ4では、第二章で解説した質的統合法の応用で二～三枚、多くても四～五枚を目安にカードのグループを輪取りし、見出し文（表札）を書きます。これを繰り返して全体のブロックが数個になったら、図解の仕上げをします。ステップ5では、該当箇所を見定めてアイコンで結論と新たな課題を表示します。ステップ6では、あらかじめ設定された方法を選択し、表示します。このように手続きとしてはいたって単純です。

2　作業をする

†テーマを決める

ステップ1の「テーマ設定（思考命題）」は、ロジカル・ブレスト法と同じ要領で行います。

ロジカル・ブレスト法は、テーマに対する「仮説」や「アイデア」を求めるものです。対してコスモス法は、テーマに対する一定の「結論」を求めます。それ故、コスモス法は以下のような問題や課題に使うのがお勧めです。

（1）いくら考えても結論が出ないような問題
（2）懸案事項となっているような課題
（3）創造的なプランを求められる課題
（4）窮地に陥って何とか打開の道筋を見出したい問題
（5）人生や事業の岐路に立った時点での選択の判断

(6) 長期的な人生計画や事業戦略の構築

最初は、一週間ほど考えても結論が出ない問題で試みるといいでしょう。

テーマが決まったら、模造紙の半裁の真ん中にテーマを記入し、輪取りをします。エクセルは画面の真ん中に楕円形を描いて、そこにテーマを入力します。この用紙や画面を「考えるキャンバス」と呼んでいます。

青森県出身の版画家棟方志功《むなかたしこう》は、コスモス法の特徴を考えるうえで大変示唆に富むことを言っています。版画の制作について「版木《はんぎ》がここを彫れという声に従って彫っていくと、絵が自ずとその姿を現す」というのです。

実はこれと似た感覚がコスモス法にはあるように感じます。模造紙の真ん中にテーマを書き入れると、すでにそこに結論が宿っているのです。模造紙に向き合い、その上に描き出されていくカードと対話しながら書きこんでいくと、結論が浮かび上がってきます。そして結論としての「思考の絵」が姿を現します。まさに「模造紙がここのカードを彫り出せという声に従っていくと、思考の絵が自ずとその姿を現す」という感覚です。

したがって、模造紙は「考えるキャンバス」であり、テーマが書き込まれた瞬間に、結論はそこに宿ります。コスモス法は、この結論の絵に耳を傾けながら彫り出す作業だと言えます。

†考えを表現する

次はステップ2の「ネットづくり」の作業をします。この作業には、次の二つのサブステップがあります。

サブステップ1――カード化
サブステップ2――カードの配置

「カード化」というのは、ロジカル・ブレスト法の「考えを書き出す」ことと基本的には同じです。ただし、次のような要領が新たに加わります。

コスモス法でも、「思考の三角形」の①→②→③（①番とみなして）→②番→③番と連鎖していきます。この直線的な連鎖を、行き詰まるか結論にたどり着くまで進めます。加えて、すでに出ているカードはいずれもが①であると見なして、そこを起点に「思考の三角形」を連鎖させることができます。つまり、どのデータからも「思考の三角形」が展開可能です。

テーマにもよりますが、カード数が六〇~七〇枚前後になるころから、自分でもそれまで自覚していなかったような内容が出始める傾向があります。じっくり考える必要のあるテーマは、この数字を目安にたくさんカードを出すようにします。そして、一〇八枚を超えると、後工程の統合作業の結果が自分がそれまで抱いていた結論とは一八〇度異なることが起こります。その意味で、一〇八枚を目標の目安にするとよいです。

コスモス法の思考の流れに乗っているかどうかの判断の指標があります。それは、カード化をしながら一人でつぶやいている状態が現われるときです。多くの人は、接続詞をつぶやき出します。カード化の作業を終える目安は、ロジカル・ブレスト法と同じように、「もう言い尽くした。出し尽くした」という感じがでてきた時点です。

なお、この作業には先に説明したカードを用います。エクセルでは、テキストボックスの横書きを用いるか、図形描画機能の角丸四角形を用いて入力します。

次はサブステップ2の「カードの配置」です。

一枚書くごとに配置していくのが鉄則です。理由は、配置したカードと対話しながら次のカードを書くためです。つまり、「思考の三角形」の連鎖を行うためです。例えば①のデータを配置し、そのカードを見ながら「そういえば~」と②のデータを記入します。次いで、目の前に配置された②のデータを見ながら「とすると~」と③のデータを記入する、

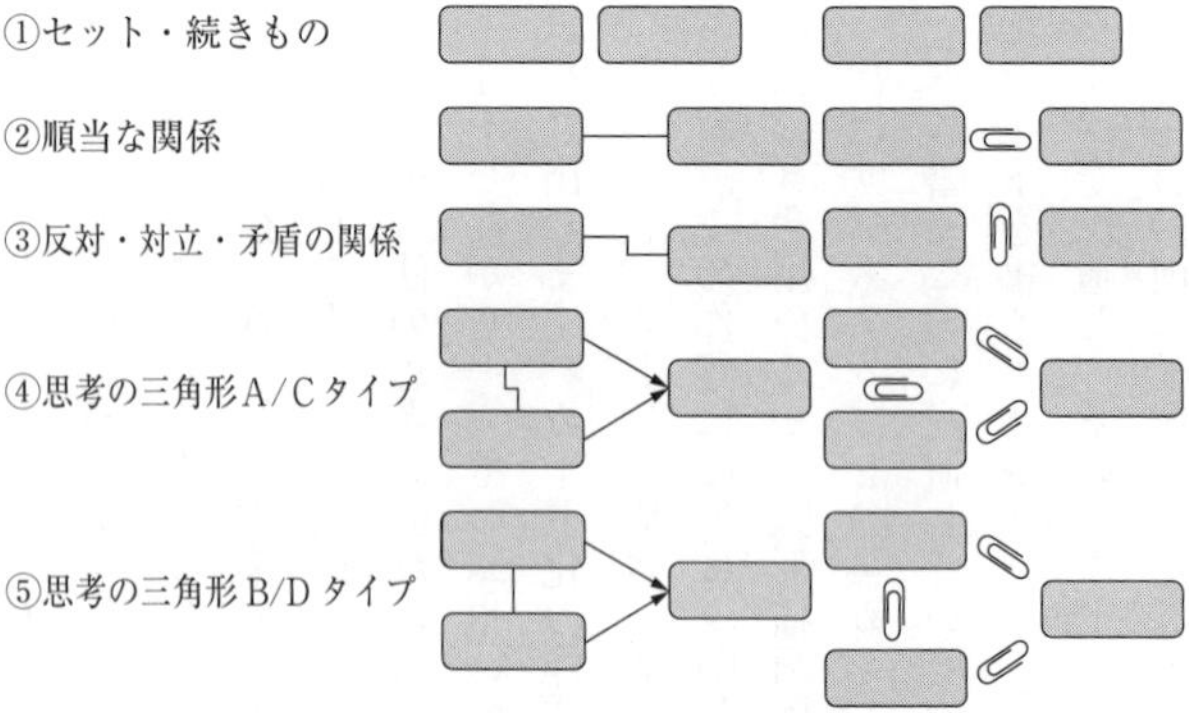

図25　関係記号の表示（右：エクセル、左：手作業）

といった進め方です。

さらに、カードを次々と配置していくと、ネット状になっていきます。そうして出来上がっていくデータのネットワークと対話しながら、カード化しては配置する繰り返しになります。ただし、エクセルの場合は位置を定めてテキストボックスを表示するので、改めて配置の手順を踏む必要はありません。

また、すでに配置されているカードとの関係を見定めながら、手作業の場合はクリップを使って関係を表示します。配置にあたっては、カードとカードの間の間隔はクリップ一つ分くらい空けておきます。後に続く「図解化」の段階でカード間に一定の空間が必要になるからです。エクセルでは、「挿入」メニューのなかの「図形」から該当する記号を使います。関係表示の意味の使い分けは次の五種類です（図25）。

①セット・続きものの関係
②順当な関係（反対・対立・矛盾以外の関係）
③反対・対立・矛盾の関係
④反対・対立・矛盾を乗り越える関係（思考の三角形のAタイプ・Cタイプ）
⑤補足・追加・連想を踏まえ発想する関係（思考の三角形のBタイプ・Dタイプ）

このような関係表示の意味を踏まえ、「思考の三角形」の流れに沿って配置します。「思考の三角形」の存在がわかるように、①と②と③の間だけでなく、①と③の間にもクリップを置きます。加えて、「配置の基本」となる次の要領も配慮して配置し、関係表示をしてください。

①できるだけ多くのカードとの関係を探す。
②できるだけ短距離に関係が表示できる位置に置く。
③できるだけ関係が交差しない位置に置く。

最初のカードとともに、「ところで」という接続詞によって話題を変えたとき、あるいは新しい角度や要素のカードは、真ん中のテーマからクリップ（手作業）あるいはコネクタ記号（エクセル）を引き出す形で配置します。

配置されたカードが形づくるネットワークは、「木の枝（関係表示）」と「木の葉（カード）」の関係に見立てることができます。「木の枝」が真ん中のテーマから外側に向かって伸びて「木の葉」が広がっていくように配置していきます。

三六〇度の方向に枝が伸びるようにカード化します。そして、枝の先の木の葉と隣接する別の枝の木の葉の関係が、自然につながるようにすることがきわめて大切です。そのためには、新しい角度や要素のカードの枝をテーマから引き出すときに、機械的に右回りあるいは左回りに順番に枝を出さないようにします。すでに出ている枝との関係を配慮し、関係ありそうな枝の近く、あるいは関係ありそうな間から新たに枝を出すように配置します。

カードが出にくくなってきた枝は、太陽の陽が陰ってしまって枝が伸びない状態とみなし、しばらくは放っておきます。そして別の枝に目を転じてカード化します。それから再び戻ってくると、再び陽が当たってきたときと同じようにカードが出やすくなります。

このようにして枝の先の葉（カード）に自由に目を転じながら、カードが出やすそうな枝に着目しながら多角的にカード化していきます。もちろん「思考の三角形」の連鎖を意識します。

なお、まとめようという意識をもって、カードを配置しないようにしてください。そうするとカードを移動したくなってしまいます。多少の移動は構いませんが、集団で配置換えする「民族大移動」のような移動は極力避けましょう。その理由は、思考の流れを消さないためです。

以上のようなネットづくりの要領によって、テーマをめぐる思いや考えを出し尽くします。そして、出し尽くしたという感じになったらこの作業を終えます。

表現したことを整理する

「ネットづくり」を終えたら、手作業の場合は、ステップ3の「カードの固定」に移ります。エクセルで作業をする場合は、カードの位置が決まっているのでこの作業はありません。

模造紙にカードを貼っていきます。並行して、関係表示のクリップの意味に従って、関係記号を記入します。関係を表示する記号は図26に準じます。

カードを固定をしてみると、配置がこれでいいのか不安になり、カードを再度動かして

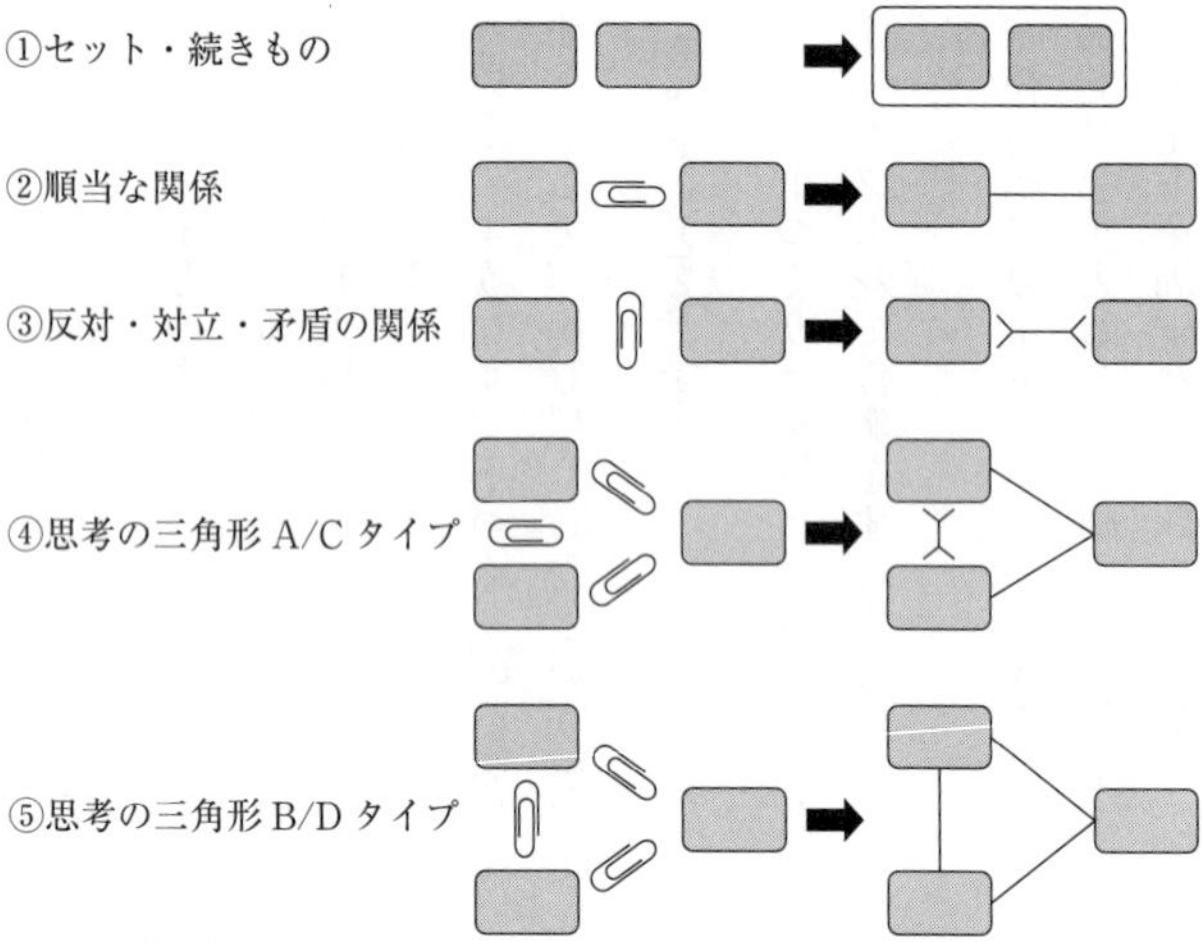
①セット・続きもの
②順当な関係
③反対・対立・矛盾の関係
④思考の三角形 A/C タイプ
⑤思考の三角形 B/D タイプ

図26　手作業の関係記号の表示方法

修正したいという誘惑にかられます。しかし、決して配置換えをしてはいけません。ここでの最大のポイントは、表現された「思考の流れ」を消さないことにあります。

なお、カードの固定にあたっても、カードとカードの間はクリップ一つ分くらいの間隔を空けるようにします。この後の「図解化」のステップで、「輪取り」や「見出し文」を記入するので、その空間を確保するためです。

次はステップ４の「図解化」です。これには四つのサブステップがあります。

サブステップ１――関係記号の記入
サブステップ２――輪取り（島取り）

の記入
サブステップ3――見出し文（表札）づくり
サブステップ4――図解化の仕上げ

サブステップ1～3は、何回か繰り返します。カードの枚数が多くなると、繰り返す回数も多くなります。輪取りを二重、三重と繰り返して、輪取りの数が五～六個くらいになるまで繰り返します。輪取りされたものを「ブロック」あるいは「島」と呼びます。

さらに、カードをまとめていく方法を、各ステップの順を追って解説します。

一段目の輪取りの記入

一段目の関係記号は、カードの固定の段階で記入を終えています。ここでは一段目の輪取りの記入から始まります。

輪取りは、カードが二～三枚、多くても四～五枚を一つの目安にします。二段目以降は、輪取りされたブロックを一つの単位として、同様の基準を目安にします。各段階に共通しますが、カードが一枚あるいはブロック一つで残るものがでます。各段階の総数の二分の一から三分の一が残っても構いません。これは経験則ですが、無理して輪取りしないことも大切です。

輪取りは、「探す」という姿勢で行います。決してカードの配置を間違えたというようには思わないことが大切です。間違えたという感覚には、頭の中にある既成の見方が働いている可能性が高いからです。思考の流れによって形成されているネットワークは、先に説明した「体感認識」が表現されたものです。そこから「まとまり性」を探しながらまとめていくことで、「新たな知的認識」を形成することが、ここでの作業内容です。もちろん初心者の段階では、まだカードの配置に慣れていないので、配置の仕方が不自然なケースもありますが、基本は「探す」気持ちを大切にします。

輪取りを繰り返し段階を上げていく方法は、第二章で解説した「意味の鳥瞰図モデル」と同じです。繰り返しになりますが、もとのカードは「民家レベル」です。それを一段階目では「家並みレベル」、二段階目では「集落レベル」、三段階目では「地帯レベル」といったイメージで輪取りの段階を上げていきます。

これらの作業は、手作業ではサインペンやマジックを用いて行います。エクセルは、「挿入」のメニューのなかの「図形」の「角丸四角形」か「多角形」を用います。描いた多角形は色が塗られていてカードが下に隠れてしまうので、「塗りつぶしなし」を選択する必要があります。囲み線の太さも適宜選ぶとよいです。

一段目の見出し文づくり（表札づくり）

次は、一段目の見出し文づくりです。

輪取りしたブロックを単位に、なかのカード全体が訴えるエッセンスを一文に綴ります。具体的には、ブロックの内容をおさらいします。なぜこれを輪取りしたのかを振り返りながら、「要するに何を言わんとしているか」を自問し、「要するに〇〇だ」と自答することで、一文にします。

「ネットづくり」の段階で矛盾・葛藤が乗り越えられていない箇所は、可能な限り見出し文づくりで発想を取り入れつつ、乗り越えるように心がけます。その意味では、見出し文づくりではカード群を踏み台に新たな発想に転換してもよいです。

二段目以降も含め、図解化の段階でも追加のカードが出てきたら、大いに追加しながらまとめの作業をします。

手作業では、サインペンやマジックの字の太さと色を適宜選んで記入します。エクセルでは、「挿入」メニューのなかの「テキストボックス」を用いて入力します。その上で、「書式」メニューのなかの「図形の枠線」の「線なし」を選択して文字だけが表示されるようにして、適宜文字色や文字サイズを編集します。

二段目の関係記号の記入

次は二段目の関係記号の記入です。

カードやブロックの間で、関係の意味が特定できる箇所に関係記号を記入します。関係記号の種類は、第二章の質的統合法で説明したものと同じです。図11を参照してください。また同様に、関係記号には「接続詞」を添えます。カードやブロックの見出し文から関係先のブロックの見出し文へと接続詞を介して物語にして説明できるようにします。

手作業で行う場合、関係記号は、該当する記号をサインペンやマジックで描きます。エクセルは、「挿入」メニューのなかの「図形」の「フリーフォーム」を用いて作成します。記号の形を整えるには、「書式」メニューのなかの「図形の編集」の機能を使います。色やサイズなどを適宜編集します。

二段目の輪取りと見出し文の記入

次は二段目の輪取りと見出し文の記入です。要領は一段目と基本的には同じです。加えて、一段目の輪取りのところで説明した「意味の鳥瞰図モデル」のように、二段目以降の段階が上がるにつれて「家並み」から「集落」「地帯」といったように、エッセンスがリ

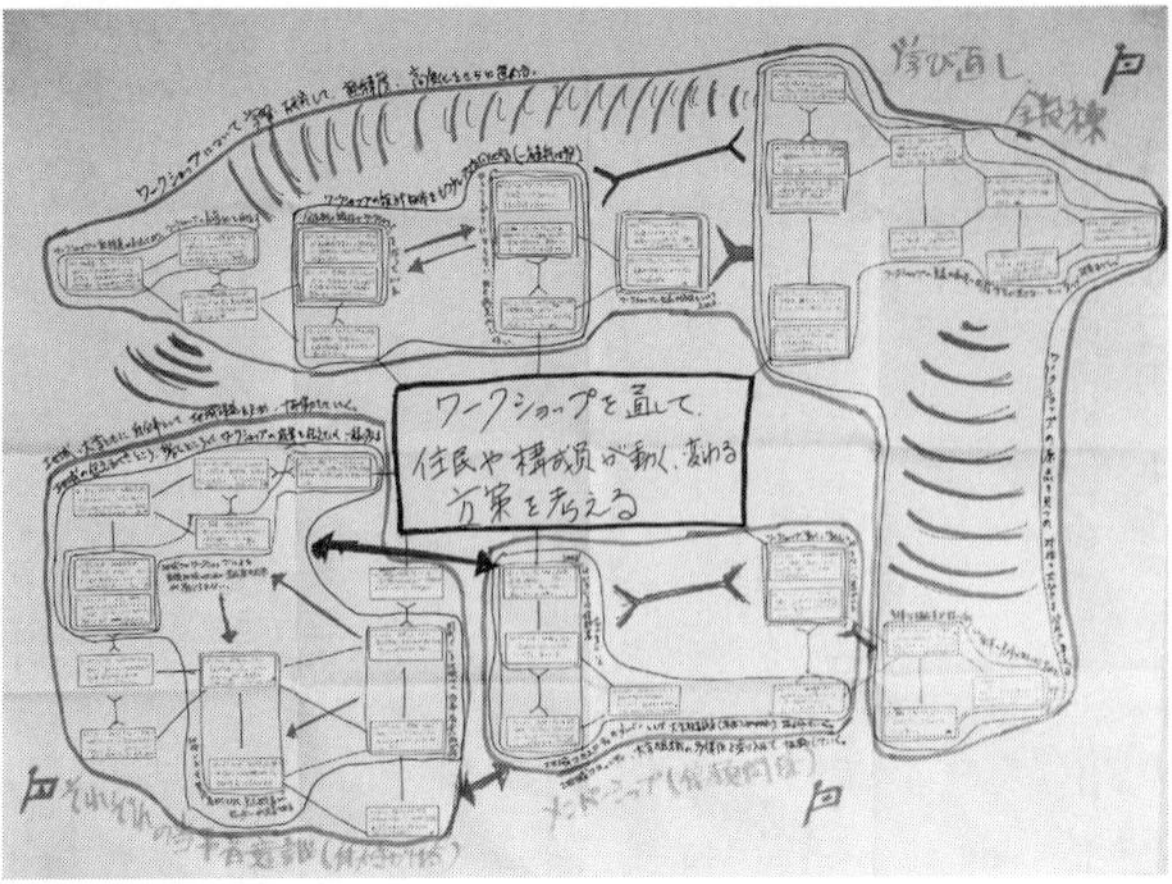

写真7　コスモス法の完成図

アルに浮かび上がるように輪取りを探し、見出し文を記入します。

手作業もエクセルも記入は、一段目と同じ方法を用います。

図解化の仕上げ

三段目以降も同様のステップを踏んで、関係記号、輪取り、見出し文の記入を繰り返します。全体のブロックが五〜六個くらいになったら、「図解化の仕上げ」に進みます。

図解化の仕上げは、（1）最終の関係記号、（2）シンボルワード（シンボルマーク）、（3）四項目注記、（4）結論文、の記入になります（写真7）。

「最終の関係記号」では、五〜六個に集約されたブロック間に関係記号と接続詞を記入します。関係が見出せない箇所もあり得ますが、できるだけ全部のブロック間に関係表示ができるように探すことが大切です。

「シンボルワード」は、最終のブロック五～六個すべてに記入します。これには、見出し文のなかのキーワードを抜き出して表現する方法があります。また、エッセンスさえ象徴していれば、全く別の表現になってもかまいません。第二章の質的統合法は「二重構造」（事柄：エッセンス）の表現スタイルをとりましたが、ここでは「一〇文字前後の単体」にします。

「四項目注記」も質的統合法と同じです。（1）とき、（2）ところ、（3）データ源、（4）作成者、となります。

「結論文」とは、テーマ（思考命題）に対する結論のことです。シンボルワードと接続詞を骨子にして物語にして綴ります。必要に応じて「見出し文」の内容も補足します。一〇〇字から二〇〇字くらいが目安です。これでコスモス法の図解は完成です。

†結論を活用する

コスモス法の作業によって導き出された結論をもとに実践に打って出るには、「決断」が必要になります。決断を促すために、「採用する結論」と「新たな課題」を明示します。

採用する結論には、エクセルで「笑顔」のアイコンを付けています。手作業の場合は、「旗印」を付けます。採用するのは構造図の最終のブロックでも、途中のブロックあるいは元のカードでもいいです。必要に応じて、番号を優先順に記入します。

採用する結論を見定めるためには、本当にそれを実行するのかどうかを自問自答して決断しましょう。「よしやろう！」と決断したうえで、採用アイコンを記入します。

「新たな課題の発生」というのは、実行に移すにはまだ検討が足りないと感じる箇所を指し、これにはエクセルの「通行禁止」のアイコンを付けています。手作業では、改めて考え直すという意味で、サイコロのふり直しをイメージした「〝?〟入りのサイコロ」のマークを使ったりしています。採用する箇所と同様に、記入箇所は構造図のどの階層レベルでも構いません。

新たな課題に対しては、必要に応じて情報収集をしてデータを蓄えた後、該当箇所を思考命題にしてコスモス法で実行策を立案するようにします。

コスモス法の研修を始めた当初は、結論を見出すことはできても、それがなかなか実行につながらない人を見かけることがよくありました。考えてみると、実はわたしたちは結論を得ると、そのこと自体に達成感や満足感、安心感を抱いてしまいます。その結果、心のなかだけで問題を解決してしまう傾向があることがわかってきました。そこで結論を実行に移すための橋渡しが必要と考え、「結論の活用の方法の指示」のステップを用意した経緯があります。

ただし、悩みごとを解消するのが目的の場合は、結論を導き安寧感を得ることで心の問題を解決し完了するケースもあります。結論の活用の方法の指示では、次のものを用意しています。

（1）実行——手を打つ（結論にもとづいて行動、実践）
（2）文書——文書化（例えば、企画書、報告書、執筆原稿）
（3）会議——会議資料として使う、あるいは配布
（4）書き込み——構造図に新たな追加アイデアを書き込む
（5）課題——新たな課題の発生（次のコスモス法の作業への橋渡し）
（6）その他——右記以外の活用方法を記入

通常は表にして記入し、活用方法の該当箇所に「○」を記入します。活用の指示に従って実践したら「●」にします。願い事がかなったときにダルマの目に墨を入れるイメージから、このような表示方法を採用しています。

コスモス法にも、質的統合法のように文章に記述したり口頭で発表したりする「叙述化」の段階を加えることができます。これは活用の方法では「文書化」「会議資料」に位置づけられます。

全体の構造に沿って物語に綴ります。シンボルワードは小見出しとして使います。枚数が多い場合は、最終の五～六ブロックのシンボルワードを章立てに使い、各内部にもシンボルワードを入れて小見出しとして使ったりします。

階層構造の文章の綴り方は、元カードから見出し文へ、逆に見出し文から元カードへ、物語の流れに沿って両方向を使います。誘引詞の機能を果たした接続詞は、四分の三くらい省くほうが読みやすく論理的な文章になります。ロジカル・ブレスト法の考察で示したサンプルからも、そのことは理解いただけると思います。

階層構造の各見出し文は語句のダブりが多くなる傾向があるので、その場合はダブりを省きながら綴ります。目的によっては、記載しないカードや部分も出てきます。必ずしもすべてを綴らなければならないわけではありません。

そして構造図を解説しながら、必要に応じてさらなる解釈や発想を補足しながら綴るといいでしょう。

このように文章化することで、より納得できる結論に至り、実践力も高まります。以上が、コスモス法の進め方のアウトラインです。

3　見える化する

†問4――あなたの人生計画は？

わたしは社会人の二〇年間を組織で勤務してきました。後半の一〇年間はコスモス法を、様々な業務に行き詰まったときの打開方法として使っていました。その後独立し、事業の戦略計画や自分自身の人生計画に活用しています。

あなたはいま自分の人生計画をどのように立てていますか。これが問4です。

なぜこのような問いをここで提示したのかというと、コスモス法は「自分の思いを見える化する」方法としても役立つからです。

†無意識の世界との対話

なぜ「自分の思いを見える化する」のに役立つか。少し立ち入って考えてみたいと思います。

コスモス法の基本原理は、「心の矛盾・葛藤の弁証法」であるとすでに説明しました。それは、わたしたちの心のはたらきを素直に行使することにあります。心に内在する矛盾・葛藤は、漠然とあるいは部分的には明確に自覚されています。実践的には、実名でカード化することが、その意識化、表現化に近づく方法です。

他方、思考の流れには、身体の内奥からの訴えを出てくるがまま出し尽くす点において、「自由連想法」的な要素も入ってきます。自由連想法とは、オーストリアの精神科医で精神分析学の創始者であるジークムント・フロイトによってつくられた精神分析法の基本原則です。一切の取捨選択なしに「何でも頭に浮かんだままを話す」こととされています。

このようにして意識的抑制を排除して連想を続けると、次第に無意識の抑圧が弱まります。無意識が意識化されて「退行」が起こり、またその「防衛（抵抗）」も顕わになってくると言われています。

コスモス法は、前者の「矛盾・葛藤・止揚《しよう》」と後者の「連想・発想・飛躍」の力で無意識の意識化に迫ろうとする技術だと言えます。

実際の展開においてもこのことがうかがえます。無意識を「自分が気づいていない心の世界」と広く捉えるなら、無意識の意識化が可能なことは間違いありません。すでにカード化のところで説明しましたが、テーマをめぐって身体から出てくるがままにカード化していくと、枚数にして六〇〜七〇枚くらいまでは意識下のものが出てきます。

そしてその枚数を超えるくらいから、無意識下に潜んでいたと思われる事柄が出てきます。不思議なことに、どんなテーマでも一〇八枚を超えることはあまりありません。「一〇八」は仏教でいう煩悩《ぼんのう》の数ですが、所詮、わたしたちが悩む範囲はお釈迦様の掌の中ということなのかもしれません。実際に一〇〇枚前後の事柄が出ると、それまでの考えが一八〇度転換するケースが多く見られます。

例えば、ある大手企業のマーケティング企画部の人が研究部門への提案で頭を悩ませているとき、コスモス法を試したところ、半分は今まで考えもしなかったことができてきたと本人が驚いたケースもあります。このときもカード数は一〇八枚をかろうじて超えていました。

わたしが実践した、手作業によるコスモス法の実践は九〇〇ケースを超えますが、カード化の最大枚数は一八一枚でした。このケースは、わたし自身が組織を離れて独立した人生を歩み始める大きな決断をしたときのものです。今でもその結論に納得し、そのことについての葛藤は起こっていません。その後も自らの人生を振り返りながら、未来の人生と事業の戦略立案を五回行っています。いずれもコスモス法を用いています。

ただし、実務ケースでの展開は、通常は五〇枚〜六〇枚の範囲で十分に足りています。例えば、企画書づくり、トラブルの原因究明と対処策の案出、様々な事項のリストアップ（この場合は矛盾・葛藤の思考は使いません）、原稿内容の作成といったような日常的に発生するテーマです。

カードの枚数から見ると、六〇枚前後に無意識の第一の扉が、一〇〇枚前後に第二の扉があるかのように、それまで気づかなかった肉声（思い・想い・考え）が出てくる確率が高くなっています。

このような意味で、コスモス法は無意識との対話を可能にしてくれます。自分の無意識を信頼し、身体が発する声のカード化に徹することが鉄則です。

†心理学からみた発想の仕組み

「無意識との対話」と言われてもなかなか踏み出せない人もいると思います。しかしコスモス法でのカード化ではここが重要なポイントなので、心理学の観点からもう少し補足しておきたいと思います。

無意識的現象は、先に言及したフロイトによってヒステリー治療のなかで発見され、概念化されましたが、実際にも無意識の概念は神経症の治療と深く結びついていました。精神分析でいう無意識は、「抑圧→無意識→症状形成」という図式で捉えられ、神経症のなかでも特にヒステリーに多く見られます。

例えば、典型的なヒステリーでは麻痺が起こることがありますが、器質的な障害がどこにもありません。多くの神経症状は、なんらかの無意識的葛藤の表現の一種であるとするのが、精神分析の考え方です。足の麻痺は「わたしは動きたくありません」という「身体言語」であると言えます。

前に説明した「言葉に身体が反応する」とは、まさにこの「身体言語」の発生構造を指しています。精神分析が無意識を抑圧という側面で捉える傾向が強いのに対し、コスモス法では、創造的な動きを引き出す方法として機能していると見ることができます。

無意識の創造的な動きに最初に注目したのは、スイスの精神科医・心理学者のカール・グスタフ・ユングです。臨床心理学者の河合隼雄《はやお》氏の次の解説は、心理学的にコスモス法を無意識との関係の観点から理解する上で非常に示唆に富んでいるので、やや長くなりますが引用します。

人間が無意識のはたらきを意識させられるのは、自我の主体性や統合性が脅かされたとき——例えば、ノイローゼの症状に悩まされる——なので、最初、無意識は否定的な評価を受けがちであった。しかし、ユングは無意識のもつ創造的な側面に注目するようになった。

意識内において対立する（あるいは矛盾する）考えや感情があるとき、その片方を無視したり、抑圧したりせず、あくまでその対立の中に身をおいて苦悩していくと、そのうちに、心のエネルギーが無意識内へと流れはじめ、自我はいわゆる無心の状態に陥ったり、ただ無力感に襲われたりする。

しかし、それにも耐えていると、心のエネルギーが意識の方へと還流するのに無意識内の内容が乗って、自我によって把握されることになる。その内容は言語的に明確ではなく、イメージによって把握されることが多いが、それが新しい創造の根幹となるのである。

ユングはこのような過程を重視して、無意識のもつ創造的な面の存在を主張した。

（河合一九八九）

このように見ると、精神分析が抑圧的無意識の意識化であるのに対して、コスモス法は創造的な無意識を引き出す「無意識との対話法」だといえます。

†無意識界との対話の見える化

コスモス法が創造的な無意識を引き出す「無意識との対話法」だということを、精神科医が実証的に語ってくれた例があります。森田正馬《まさたけ》博士によって開発された神経症の精神療法である森田療法の専門家で、KJ法精神療法を開発した精神科医丸山晋《すすむ》博士です。

心に悩みを抱えている人と対話しながら、当人の語りをパソコンに入力してはカードにプリントアウトしつつ、模造紙上に配置していきます。当人の意識していることから次第に気づいていなかった無意識の世界の思いや感情が語られ出し、目の前に「見える化」されていきます。このような面談を何回か行うことで、心の問題の解決が図られ、患者の場合は症状がなくなり、しかも、その後の心の病への後戻りが少ないといいます。

この結果は、無意識との対話を「見える化」することの重要性を教えてくれています。無意識との対話を可能にするコスモス法は、心の悩みの問題解決にも役立ちます。実際にその場面に同席させてもらったことがあります。コスモス法を展開している姿を目の当たりにし、心の問題解決にも使えるという実感を抱くことができました。

わたしたちは日々現実の問題に直面し、悩みを抱えながら生活をしています。外界の現実への対処の問題ですが、悩み始めてそれが高じると、外界の問題であったことが転じて

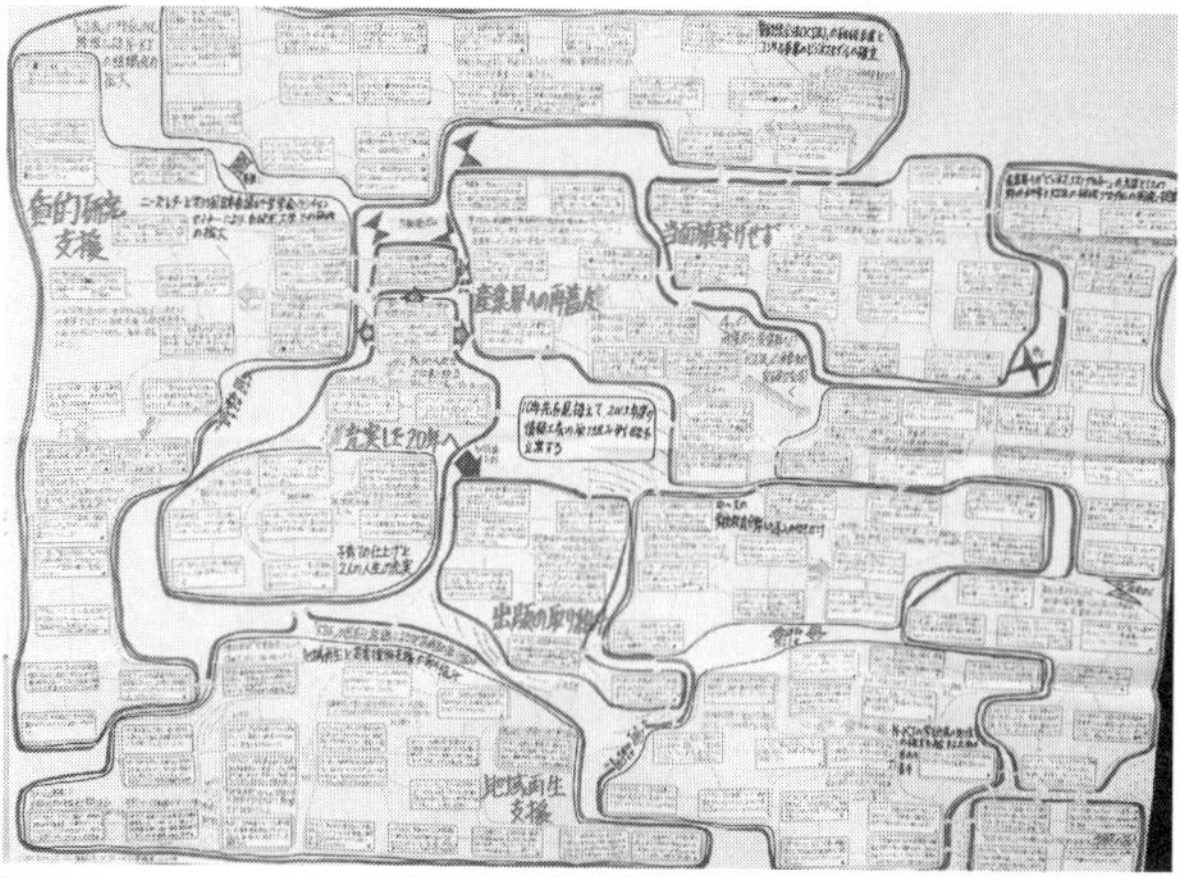

写真８　コスモス法の展開例：人生と業務の羅針盤

内界の心の病にまで発展しかねないのが常です。そうなる前に、まずはコスモス法で自らの無意識との対話を行い、心の健康を保つことを勧めたいと思います。

なお、ここで紹介したＫＪ法精神療法については、丸山晋『精神保健とＫＪ法』を参照してください。

†問４の解答例——人生の羅針盤を作ってみる

「問４の解答例」として、コスモス法でどのように人生の羅針盤がつくれるかの一例を示しましょう。現在のわたしの人生と仕事の羅針盤で、以下は一五四枚のカードからなるコスモス法の図です（写真８）。

あまりにも個人的な内容なので、ほんのさわりの部分のみ紹介します。

テーマは、「二〇年先を見据えて、二〇一三年度の情報工房の取り組み戦略を立案する」です。

全体構造は、（1）充実した二〇年へ、（2）質的支援、（3）地域再生支援、（4）産業界への普及、（5）当面は旗揚げせず、（6）出版の取り組み、となりました。

（2）の「質的支援」とは、看護質的統合法（KJ法）研究会が発足し、全国六支部も立ち上がり活動が活発化してきています。コスモス法の図では、このような活動をめざした計画立案になっています。

（3）の「地域再生支援」で計画立案した内容は、国の地方創生に先駆けて取り組んでいる活動です。本書で紹介した「寄りあいワークショップ」の実践的開発につながっています。

（6）の「出版の取り組み」の計画のなかには、本書の出版につながる計画も入っており、今回ようやく実現の運びとなりました。

個人的な話に深入りしてしまいましたが、コスモス法に実践力があることを知ってほしいので、恥ずかしながら紹介しました。あなたにも一度試してもらえたらと思います。

4　イラストを使う

†モデルは一枚の紙芝居の絵

絵は物事の実現性を高める力を秘めています。

印象に残っているのは、北海道の旭川にある旭山動物園の再生の物語です。冬に入園者の間をペンギンが列をなして行進する姿を、テレビのニュースで見たことがある人は多いのではないでしょうか。

旭山動物園は、かつて倒産寸前まで追い込まれた時期があります。その頃職員は、どのような動物園にしたら動物それぞれの個性ある生きた姿を見てもらうことができるか、絵にしていました。そして倒産寸前から立ち上がる取り組みのなかで、絵を一つひとつ現実化していったそうです。

その結果、現在は入場者数が上野動物園を超えるまでに再生しています。思いとイメージを絵にすることの重要性を学びました。

「寄りあいワークショップ」について先ほど少し紹介しましたが、実態把握に写真を使っ

図27　イラストアイデアカードのフォーム

たことから、写真のイメージをもとに解決のアイデアを絵にできたことが、「企画に絵を使う」始まりでした。

そのモデルは紙芝居の一枚の絵です。これには物語の一シーンが描かれていて、用紙の裏側には、物語の解説文が書かれています。この解説文を表の絵の下に書く方式をとります。図27がそのフォームです。イラストと説明文に加え、一番上にタイトル、一番下に発案者名を書きます。これを「イラストアイデアカード」と呼んでいます。

イラスト枠のなかには、解決アイデアの実現のイメージか、その手立て、あるいは両方を絵にして描きます。説明文の欄には、他の人が内容を読んで実行のイメージがわかるようできるだけ具体的に書きます。タイトルには、何をどう実現するかが一目でわかるようにキーワードを書きます。

イラストアイデアカードの実例を例示します。

写真9は、聖マリアンナ医科大学病院看護部の「問題解決学習」の実践的な研修で看護師が描いたものです。

また、住民のワークショップなどでは、イラストアイデアカードを描いてもらう場面があります。さらに感想も書いてもらうのですが、「絵を描くのがもっとも嫌だった」とよく書かれます。しかしその言葉とは裏腹に、イラストはほとんどがカラーで描かれています。いわゆるぬり絵です。嫌だ嫌だと言いながら、子どもの頃を思い出して楽しみながら描いてくれているように思います。楽しいからこそ、実現への意欲にもつながるように感じます。

写真９　イラストアイデアカードの実例：聖マリアンナ医科大学病院看護師が描いた解決アイデア

†複数のイラストで実現のイメージを膨らませる

イラストアイデアカードは、複数の人が持ち寄るようにしています。あるいは複数の人でアイデア出しの意見交換をしてから、分担して描くこともあります。

持ち寄ったり分担して描いたイラストアイデアカードは、最初はバラバラな状態なので、全体像がイメージできるように関連づけて「見える化」します。「見える化」された個々のカードの全体像をストーリーにして説明すると、紙芝居のように一つの物語ができあがり、これによって実現のイメージが膨らみます。

その全体像を描き出すには、二つの方法があります。

一つは、第二章で解説した写真分析を応用します。写真の代わりにイラストアイデアカードを使うイメージです。違う点は、写真の場合は説明としてのキャプションをカードに記入して写真に添えますが、その作業が不要になります。すでにイラストアイデアカードには解説文が記入されているからです。数人のアイデアカードをまとめる作業に向いています。加えて、より鮮明な全体像を描くことができる方法でもあります。出来上がった図は、「アイデア地図」と呼びます。本書第二章で紹介した写真2がその例です。

もう一つの方法は、カードの枚数が多い場合に使える方法です。佐藤迪夫《みちお》さんと橋本慎

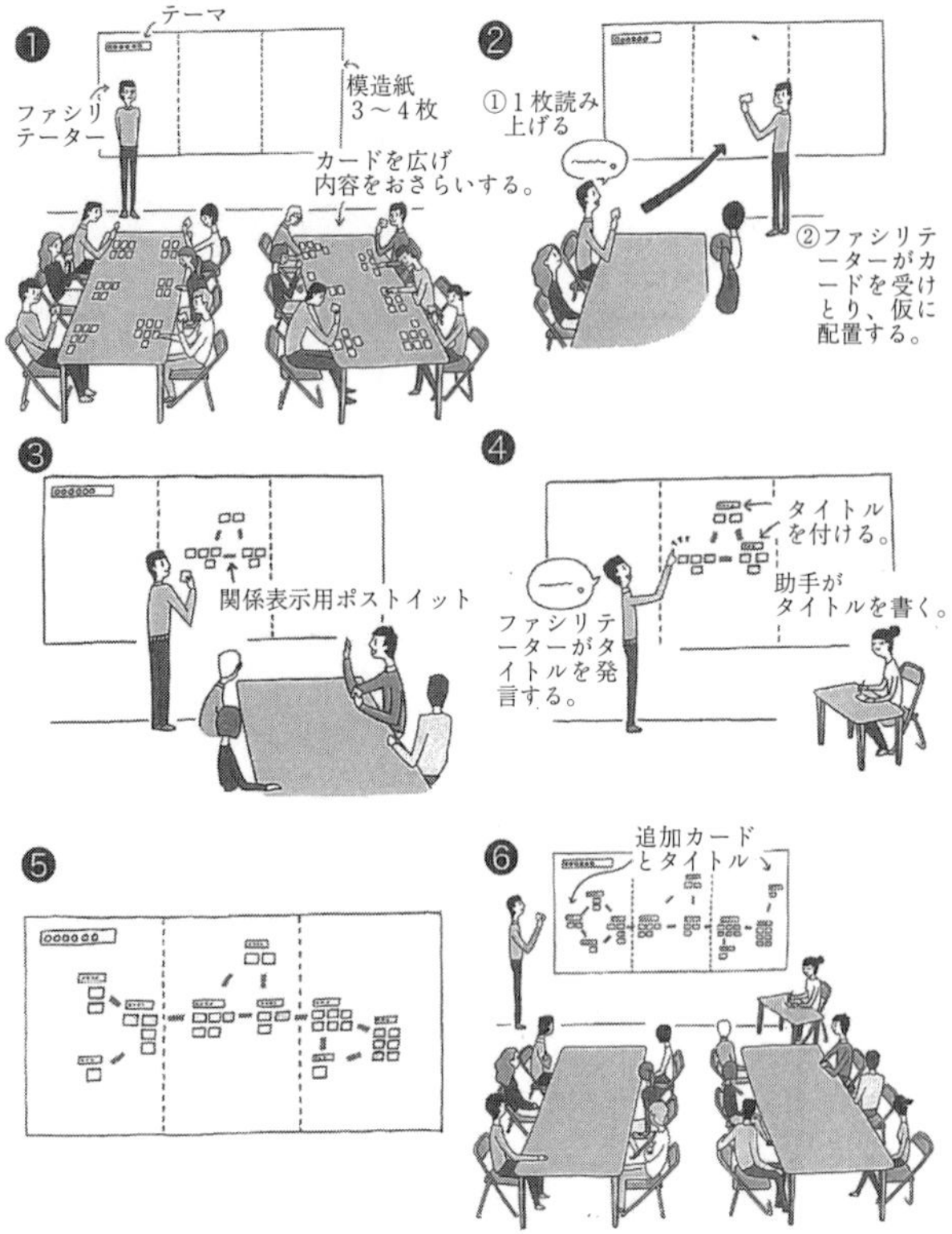

（イラスト・チブカ マミ）

図28　意見地図およびイラストアイデア地図の作成ステップ

太郎さんが最初に試みた方法で、「発想会議法」と呼んでいます。

作業要領は、以下のようになります。図28を参照しながら読み進んでください。

まずは、会場設営です。壁面に模造紙を三〜四枚くらい貼ります。模造紙の左上には、テーマをマジックで記入し、助手に書記役を一人配します。書記役の手元には、マジックとタイトル用紙（A４用紙を短冊形に四分割する。短冊二五枚前後）、カットしたセロテープ（六センチくらいにカットして一センチほど糊面を内側に折り込んで貼り合わせる。カットテープ六〇個前後）を用意します。全体を進行するファシリテーターは、細い付箋（二センチ×七センチほどのサイズ）を手に持って、みんなの前に立ちます。メンバーは、自分の前にイラストアイデアカードを一覧できるように広げます（ステップ1）。

次に、イラストアイデアカードの紹介を始めます。ファシリテーターが、最初に一人を指名します。指名されたメンバーは、イラストアイデアカードを紙芝居のようにみんなに見えるように掲げ、説明文を読みながら内容を解説します。そして、ファシリテーターにそのカードを渡します。ファシリテーターは、受け取ったカードを壁面の模造紙上に配置します（ステップ2）。

さらに、アイデアのグループづくりをします。最初に説明されたカードと似たアイデアカードのある人に手を挙げてもらい、ファシリテーターが指名したのち、内容を紹介してもらいます。似たアイデアの場合はグループになるようにカードを隣接して配置します。少し違う要素が出てくることもあるので、その場合は細い付箋を関係表示に使って関連づけながら近くに配置します。似ているカードが出そろったら、違う要素のアイデアを持っている人に手を挙げてもらい、ファシリテーターが指名します。メンバーがアイデアカードを紹介し、ファシリテーターが模造紙上に配置します。次いで、似たアイデアのある人には手を挙げてもらい、以下同様の作業を進めていきます（ステップ3）。

次はタイトル付けです。ある程度グループができてきたら、ファシリテーターがグループのタイトルを口頭で提示し、書記役が短冊用紙に記入します。短冊用紙にはセロテープを添付し、ファシリテーターが該当するグループに貼ります（ステップ4）。

ステップ5、6は、メンバーの手元に残っているカードを、ステップ3、4の方法で順次模造紙上に配置し、それを手持ちのカードがなくなるまで行います。必要に応じて追加のイラストアイデアカードを作成して配置もします。

以上の作業によって作られた図がもう一つの方法の「アイデア地図」で、写真10がその例です。

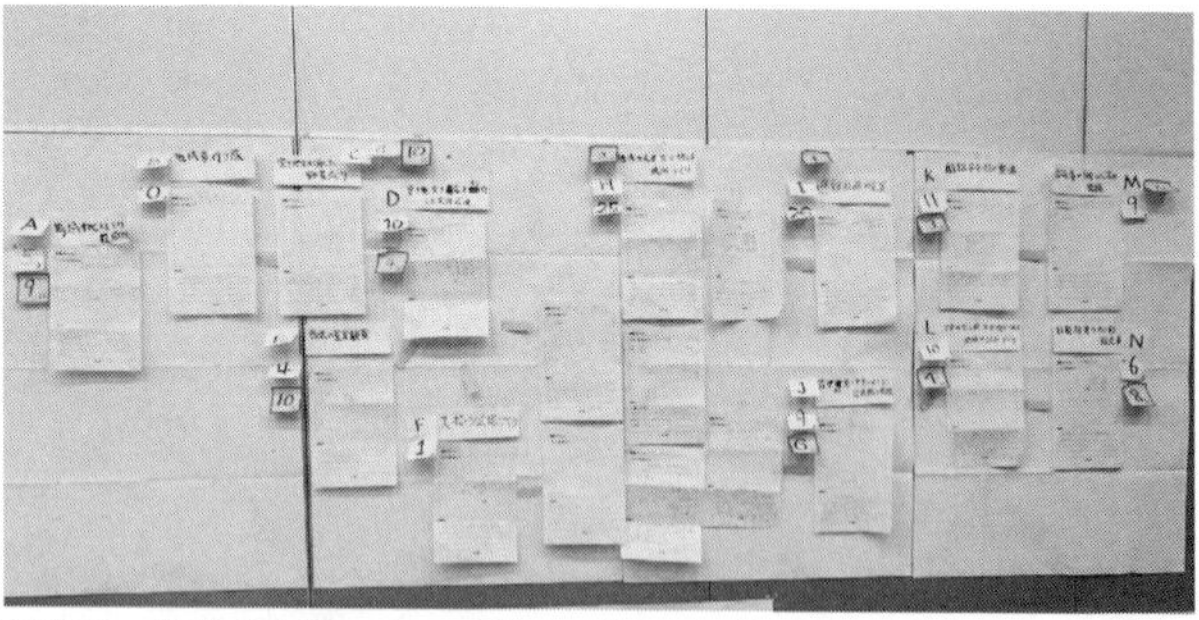

写真10　発想会議法によって作られたアイデア地図（沖縄県竹富町西表島ゆいまーるワークショップ）

†アイデアに実行力をもたせる

実現のイメージが膨らんだアイデアの全体像は、そのままでは「絵に描いた餅」になりかねません。そのアイデアに実行力を持たせるには、どのアイデアを優先的に実行に移すか、「優先度評価」をします。

評価にあたっては、タイトルの短冊が貼られたところを評価の対象にします。「A、B、C……」あるいは「あ、い、う、え、お……」の記号を振ります。投票方法は前に説明した五点制で、メンバー全員が投票・評価します。投票結果を集計し、獲得得点と一位から一〇位までを表示します。

アイデアに実行力を持たせるうえで、いかに優先度評価が重要性かが見えてきます。中学校の総合学習にアイデア地図の作成が取り入れられ、投票を行ったことがあります。多くは地域住民や職場で行っています。

最近は、投票結果が判明した時点でメンバー全員に「自分が投票した評価と集計結果を比べて、自分の投票と集計結果がほぼ重なると感じた人は手を挙げてください」と言います。驚くことに、ほとんどの人から手が挙がります。ときとして「自分の投票とはずいぶん違う」という人が一人か二人が現われる程度です。

メンバー全員に、周りを見回してこの姿を見るよう促します。みんなが一様に驚きの表情になりますが、同時に納得したという表情になります。日本人は、みんなの意見と自分の意見がほとんど同じだと感じると、実行に向けて勇気と意欲を抱くようです。この点は、自己主張しないと存在価値が認められない欧米文化と大きく違うように思います。

このような優先度評価に加え、さらに確実に実行するために、優先度の高い項目について具体的な「実行計画」を作成します（図29）。

実行アイデアの上位一〇項目について、（1）難易度、（2）目標時期、（3）実行主体、（4）着手順位を見定めます。必要に応じ（5）備考欄に特記事項を記入します。

（1）「難易度」は、アイデアの実行が難しい順にA＝難しい、B＝普通、C＝易しいとします。内容を詳細に検討することは難しいので、三段階の難易度で大摑みに見定めます。

（2）「目標時期」は、短期（一年以内）、中期（二～三年）、長期（五年）、の三段階のどれかを記入します。そこまでには実現できるだろう、あるいは、そこまでには実現しないと

優先度の評価順位	アイデア項目	難易度	目標時期			実行主体			着手順位	備考
			早く(1年以内)	2～3年以内	ゆっくり(4～5年以内)	住民	協働	行政		
1	C　休耕田を利用した野菜づくり	B		●		●	●			JAの支援
2	D　趣味による交流	C	●			●				
3	N　せせらぎ公園による健康づくり	A			●	●	●	●		行政、住民、観光協会支援
4	H　高齢者の体験と技能の伝承	C				●				誰が窓口になるか課題
5	G　体を動かす仲間づくり	C	●			●				
6	L　地域みんなでラジオ体操	C	●			●				
7	E　手作り食による交流	B		●		●	●			食推協との連携
8	B　若者・こどもたちとの交流	A			●	●				
9	I　5区連携の取り組み	B		●			●	●		行政が場を設定
10	S　花いっぱいの地域づくり	C	●			●	●			農業高校と連携

図29　実行計画表の実例：静岡県函南町介護予防事業ワークショップ（5つの自治会が合同でワークショップを行い、実行計画を作成。着手順位は各自治会ごとに作成したため、空欄になっている。通常は着手順位の数字を記入する。）

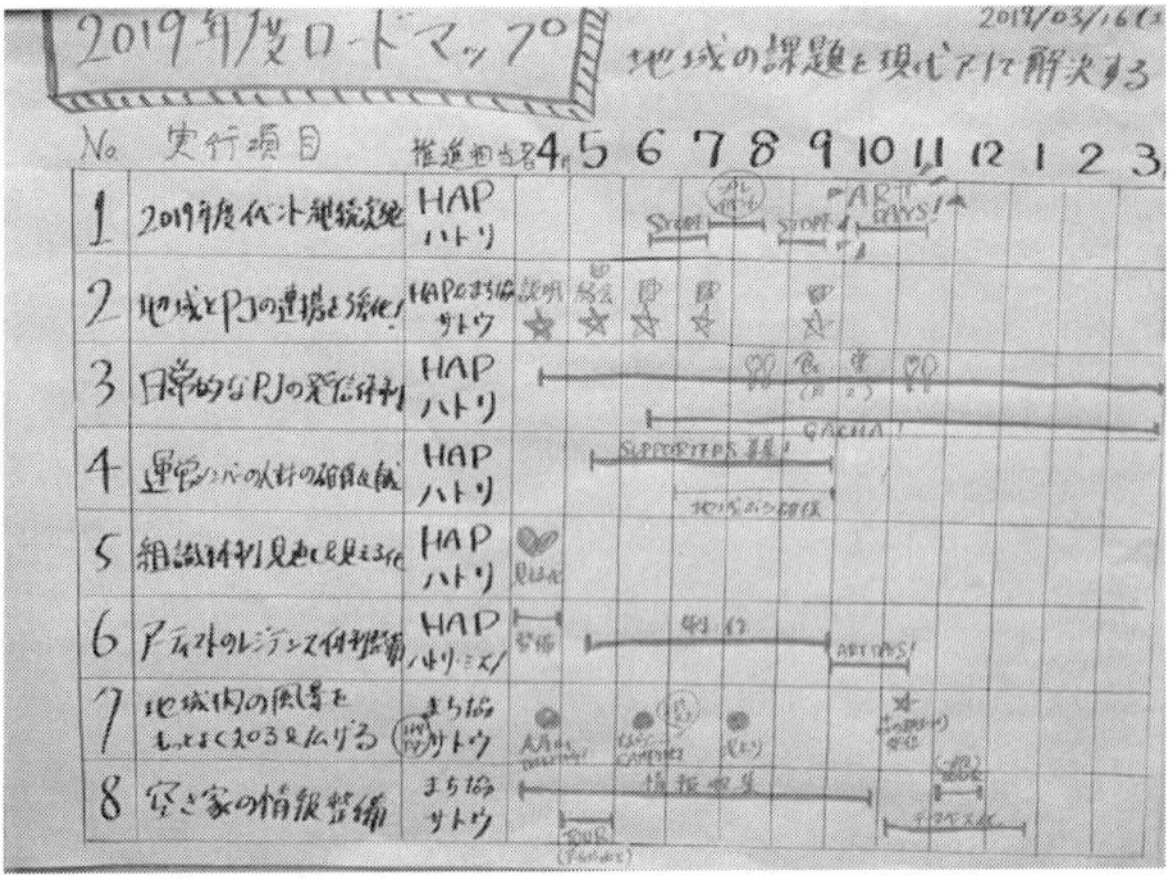

写真11　実行アイデアの年間計画表：静岡県文化財団寄りあいワークショップ研修：原泉アートプロジェクト

いけないという、両面から勘案して見定めます。該当箇所に●印を記入します。

（3）「実行主体」は、どのような組織や集団かによって携わる関係者が変わっています。地域再生への取り組みの場合は、住民、行政、両者の協働の三つの欄を用意しています。実行主体に●印を記入します。協働の場合は、どちらか推進役になる方にも●印を記入します。協働の欄のみに●印を記入すると、住民も行政も互いに相手がやってくれるだろうと思ってしまい、実行に結びつかなくなるからです。

（4）「着手順位」は、当面どこから手をつけていくか、みんなで協議しながら決めましょう。組織や集団の性格によっでは、協議では決めかねる場合があります。その場合は、五点制で着手順位を投票し、得点の高い順で見定めることも可能です。「短期」で「易しい」から今すぐ着手した方がいいという考え方もできる一方で、「長期」で「難しい」から、今すぐに着手する必要があるという考え方もできます。その両者の見方を勘案しながら見定めます。

実際に和歌山県の地域再生支援事業で実行計画を作成して取り組み始めましたが、このステップを取り入れてからは、住民の実行力が格段に上がっています。このようなケースからも、欠かせない方法だと考えています。

なお、必要に応じて年間スケジュール表を用い、実行アイデアの具体的作業を月単位で作成するとさらに実行力が高まります。作成法の詳細は割愛しますが、年間スケジュール表のイメージは写真11を参照してください。

イラストを用いると、楽しみながら企画立案をすることができます。そして、その方法は企画を実現する実行力も高めてくれますので、わたしはイラストの活用を勧めています。

第五章
実際にやってみる

1 練習する

†実態を捉える練習

前述のように、質的統合法が準拠するKJ法は、文化人類学者の川喜田二郎氏によって学問の研究方法論とその実践技術として生み出されました。その意味で、「学術スキル」と位置付けることができます。それ故、基礎的な訓練が必要であり、経験量を蓄積する必要があります。第二章で解説した質的統合法も同様に基礎訓練が欠かせません。

しかし多くの人は学術研究者になるわけではないので、第二章で解説した手順と要領に沿って気軽に試みていただければと思います。

取引先の社長さんにどのような会社にしたいか話を聞いたところ、話題がいろいろな方向に散らばってしまい、皆目見当がつかないという状況に遭遇した人がいます。改めて取材の場を設けてもらい、その話を記録にとどめました。そのデータを基に質的統合法の手順と要領に沿ってまとめ、結果を社長さんにフィードバックすると、「その通りだ」と喜んでくれ、仕事が受注できたというエピソードを話してくれました。

また別のケースでは、ある商品の苦情がお客様相談センターに寄せられました。窓口の担当者にとっては、精神的に負担がかかり、嫌な仕事だと思いますが、苦情を質的統合法でまとめることで、商品の改善の方向性や改善が必要な箇所が見えてきたといいます。次の新製品のヒントをそこから得られたとも聞きます。

このようにまずは身近な問題に対して、入手できるデータで試してみてください。まとめた結果は図で「見える化」されるので、職場の関係者で共有し活用することができます。もし仮にまとめ方が恣意的になってしまった場合も、他の人が指摘してくれるので、実態把握のずれを修正することができます。だから、気軽に試されるといいと思います。

いきなり言葉を使って取り組むことは難しいと思う人には、写真を用いることを勧めます。ある大学で「コンセプトメイキング」という角度から、デザインコースの学生を指導したことがあります。各学生にデザインしたい製品を決めてもらい、インターネット上で売れている商品を写真付きで集めました。

写真分析法を用いて全体像を把握し、その構造図をもとに、学生たちに自分ならどの商品を購入したいか、五点制で評価してもらったことがあります。得点の高いものを売れ筋とみなし、コンセプトを言語化し、その延長線上で売れそうなデザインを試みてもらい、併せて、学生のオリジナルな発想力を研《みが》くことを意図し、売れている商品の構造図にはないまったく斬新なデザインも作成してもらいました。その学生のなかには、見事なデザイン案を創造する人がでてきました。

写真の題材は身近な生活の中にたくさん見出すことができます。発想のための練習問題としてチャレンジしてみてください。

†深く考える練習

ロジカル・ブレスト法は、四コマ漫画に原点があるとお話ししました。手塚治虫も、「漫画家として名声を博した人は、器用だからではなく、四コマ漫画の経験の積み重ねが基礎を作ったからだ」、と指摘していることは第三章でふれました。

多くの人は漫画を描くことは得意ではないと思うので、「発想原理の四タイプ」の角度から朝日新聞連載四コマ漫画「ののちゃん」を解析したように、購読している新聞の四コマ漫画を解析してみることも、練習方法の一つです。その際、本書の解析を参考にしてください。要領がつかめてきたら、好きな長編漫画一作品でも試みるといいと思います。「思考の三角形」の連鎖の仕方が見えてきます。

その上で、「発想原理の四タイプ」を念頭に、自分でも四コマ漫画を描いてみましょう。絵が苦手な人は四コマの枠を用意し、その中に台詞を書き込むだけでもいいと思います。

楽しみながら練習ができるでしょう。

「発想原理の四タイプ」は、漫画だけにあるわけではありません。断定はできませんが、著作物のほとんどに存在するのではないでしょうか。新聞の論説記事、小説、教科書などにも存在します。例えば、日本経済新聞の景気動向班が書いた論説記事「苦悩する日本経済1」、文学作品のゲーテ『若きウェルテルの悩み』、医学の教科書の小澤敬也《けいや》監修『医師と看護師のための造血幹細胞移植』などを解析しましたが、実際に存在します。

一つだけ事例を紹介します。日本人初のノーベル賞受賞者湯川秀樹『創造への飛躍』に収録されている「一常識の立場」の書き出し部分を見てみましょう。

①●科学は常に前進しつつある。②■このことはしかし、同時にそれが容易に完成されないものであることも意味する。③▼【すなわち】科学のこのような特徴は、いうまでもなくそれが経験から出発して経験に戻ってくるものであることから来ている。③▼何故かといえば私どもの前には常に新しい経験の可能性が開かれているからである。②●【そういえば】私どもが漠然と経験と呼んでいるものの内容は極めて複雑であり、多種多様であるが、私どもはそれ等がばらばらなものでなく、色々な仕方で相互に関連していることを知っている。②●【そして】このような関連を追求乃至発見しうるのは、

私ども人間に具《そな》わった理性の働きによるものであるといわれている。③▼【とすると】科学は経験と理性とを拠りどころにしているというガリレイの言葉は、この意味において、永久に変わらぬ真理である。

①●所で経験内容の間の関連を追求するという過程は、何等かの意味における経験的事実の確認と、多くの事実の間の関連を表わす法則の定立という二つの部分に分けられるであろう。②■しかし事実とは何か、法則とは何かということになると、科学の発展の段階に応じてその意味する所が違ってくるのみならず、両者の間には密接な関連があることも確かである。②●特に二十世紀に入ってからの物理学の急速な進歩は、事実と法則及び両者の相互の関連に関する私どもの考え方に大きな影響を及ぼすこととなった。③▼【とすると】見方によっては事実とは何か、法則とは何か、両者が如何に関連しているかという問題に的確に答えることが、やがて科学の本質を明らかにすることになるともいえるのである。

いかがでしょうか。この文章がCタイプ（矛盾型掘り下げベクトル）とDタイプ（連想型掘り下げベクトル）の連鎖になっていることがわかります。学者の思考は、基本的には掘り下げの思考であることから、掘り下げベクトルのタイプが連鎖することはうなずけます。

加えて注目すべきは、話題を変える「所で」という接続詞が使われている点です。このことからも、発想における接続詞の役割の重要性が見てとれます。

この例を参考に、興味が湧く著作物で「発想原理の四タイプ」の解析をすることも練習になるでしょう。もちろん身近な問題で、エクセルを使って実際に仮説やアイデアを発想すること自体が発想の練習でもあります。

企画を立てる練習

これまで紹介したロジカル・ブレスト法の練習自体が、企画を立てる基礎練習にもなります。エクセルでのロジカル・ブレスト法に慣れてきたら、さらにコスモス法を活用することを勧めます。

まずは文具類を用意してください。模造紙の半裁とカード（一二センチ×七センチくらい）、ゼムクリップ、四色ボールペンとマジック類です。そして、一週間悩んでも結論が出ない問題や課題が発生したら、模造紙の半裁を広げてコスモス法で考えてみるのです。

「手で考える」という言葉を聞いたことがある人も多いのではないでしょうか。「手は第二の脳である」とも言われます。日本の総理大臣の英語通訳を務め、「同時通訳の神様」といわれた國弘《くにひろ》正雄さんが、英語学習には中学校の英語のテキストを「只管《しかん》朗読、只管筆写」、すなわち「ただひたすら音読し、ただひたすら書き写す」ということが基本だと言っています。

この教えに関して、英会話教育で「音読筆写」の方式で実践している千田《ちだ》潤一氏が興味深いことを言っています。企業の英語研修受講者のなかに「音読筆写」をするよう言われて、「手で書くよりもキーボードで打った方が速い」という理由でパソコンで行った人がいました。案の定、音読筆写の効果は現れなかった。しかもＴＯＥＩＣスコアの伸びもほとんど見られなかったというのです。音読筆写は指による文字の形状刷り込み作業であり、ぜったい手で書いてくださいと念を押されています（國弘・千田二〇〇四）。この練習法は「英語回路」を脳のなかに作り込むためのものだとしています。

このような例からも、手と脳は連動しており、模造紙を前にして手で考えることの重要性が示唆されています。わたしの例で言うなら、実際に三〇代の一〇年間に約九〇〇〇枚の模造紙半裁でコスモス法を用いて様々な案件について考え、それが現在の考える力の基礎を作ってくれたように思います。実務の世界は、いまやパソコンを使ってインターネットを介して仕事をする時代になっています。エクセルの図形描画機能を使ってコスモス法が展開できるので、パソコンでの作業も勧めますが、ときどきは模造紙上で手作業を行ってみてください。

2　応用する

†エクセルで知的生産

いまはパソコンがいつでもどこでも使える時代です。ロジカル・ブレスト法はエクセル上でも展開できるので、場所を問わずに時間があるときに知的生産が可能になりました。

ロジカル・ブレスト法の詳細については第三章で解説しましたが、その原理と知的生産物を集約的に図示すると、図30のようになります。

ロジカル・ブレスト法は、「思考の三角形」と「接続詞」の二大原理で成り立っています。それによって生み出された産物は、「仮説発想」と「アイデア発想」という知の二大産物になります。

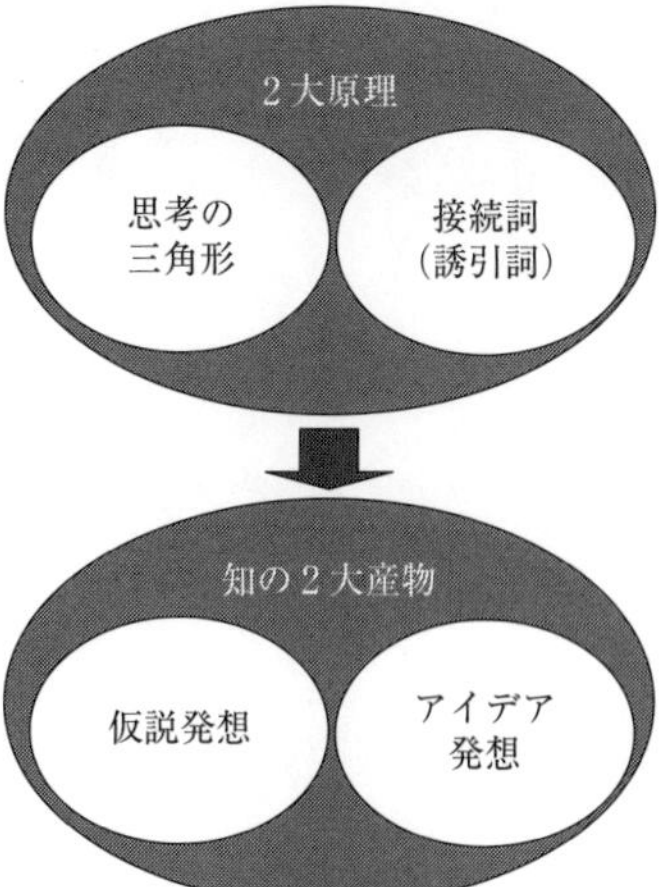

図30　ロジカル・ブレスト法の原理と知的生産物

日頃から知的生産が必要なテーマを設定し、テーマごとにエクセルファイルを用意しておきます。そして時間があるときに随時ロジカル・ブレスト法を展開するようにします。日常的に仮説やアイデアを集積していくと、そのいくつかは自然と実践していることに気づきます。また、書き出すことの重要性がわかってきます。

加えて、生活や業務のなかで打開すべき問題に遭遇したとき、必要に応じてエクセルファイルを用意し、打開策を考える習慣をつけましょう。

†エクセルで発想リレー

「三人寄れば文殊《もんじゅ》の知恵」という諺があります。凡人でも三人集まって相談すれば、智慧をつかさどる菩薩《ぼさつ》の「文殊」にも匹敵する知恵が出るという喩えからきています。ロジカル・ブレスト法も複数の人で発想リレーをすることで、これが可能になります。

現代という時代ほどみんなが互いに忙しい時代はないのではないでしょうか。三〜六人くらいの人が日程を調整して集まるのは、実際にはなかなか大変です。組織の役職に就く人はなおさらです。社会のＩＴ化は、半面ではわたしたちの忙しさを加速させている面がありす。しかし一方では、時間と場所の制約を離れて関係者が通信を介してコミュニケーションをとることを可能にしています。

エクセル上でロジカル・ブレスト法を展開することによって、社会のＩＴ化を味方につけて、関係者のコミュニケーションを創造的思考に転換することができます。

例えば、六人のメンバー（Ａ〜Ｆさん）によって、ある問題を検討するとします。Ａさんが企画担当者で、他の五人のメンバーから意見や知恵を提供してもらうという場面を想定してみます。

エクセルを立ち上げ、ファイル名を「ロジカル・ブレスト・リレー――●●企画立案」とします。ファイル上にロジカル・ブレスト法のフォームを設定し、検討テーマである「●●の企画を立案する」と入力することで、準備が整います。

Ａさんからロジカル・ブレスト法によって発想の作業を始めます。自分の発想の入力をある程度し終えたと感じた段階で、ファイルをＢさんにメール送信します。受け取ったＢさんは、Ａさんの書き込んだファイルの内容を一読したうえで、その内容を踏み台にあるいは刺激剤にして、自分なりの発想を入力し、自分の発想を入力し終えたと感じた段階で、ファイルをＣさんにメール送信します。このようにして順次発想を追加入力してＦさんまで回ったら、最初のＡさんに戻します。

このやり方を、メール送信によってファイルを次々と渡していくところから、「発想リレー」と呼んでいます。

発想の入力にあたっては、本文の内容に加え、全データの文末に括弧書きで発想者の名前を記入します。そうすることで誰がどのように考えているかがわかり、相互理解も深まります。その結果、議論の深まりを促す効果が出てきます。

さて、受け取った企画担当者のAさんは、全員の検討内容を踏まえて、さらに自分の発想を追加記入します。その上で、二列のセルの右の列に記入されたアイデアを示す「▲」のデータの中から、有効だと思えるセルに色を塗ります。ここから得られたアイデアをもとに、企画書を作成します。

一巡目の発想リレーを終えた段階で、議論をもっと深める必要性を感じたら、二巡目を行います。内容次第ではさらに何回か繰り返すことも可能で、メンバー全員が得心のいくまで行うといいと思います。

さらに丁寧に行うなら、企画に盛り込むアイデアの選定も全員で行うといいです。アイデア出しが完了したファイルを全員に送信し、採用した方がいいと思うアイデアに色を塗ってもらい、それをもとにAさんが企画案をまとめます。こうすることで関係者の賛同が得られる確率の高い企画案が作成できるようになります。

わたしは以前、ロジカル・ブレスト法の有効性を評価してもらう研修会を行いましたが、次のような感想・評価が得られました。

・発想リレーでは、他者の視点、考え方が入ることを通じて、自分の考えが広がることを強く実感しました。（国立大学教授）
・ロジカル・ブレスト法の理論がとても面白く感じました。論理的でありながら、最後は身体に聴け！となるあたりがとてもよかったです。トレーニングを積んで、身体に埋もれている知恵を絞り出せるようにしたいと思います。（NPO代表）
・パソコン上でのロジカル・ブレスト法は、遠距離でのブレストやアイデア、意見交換への利用に大きな可能性を感じました。相互の信頼関係の基盤がしっかりしている条件をクリアすると最大限に発揮できる気がします。（事業経営者）

職場や研究者の間で知恵を集めたい場合、発想リレーは遠隔地の関係者間での有効な会議法となります。

†発想会議に応用

エクセルを用いてネット上で発想リレーをする方法を説明しましたが、関係者が一堂に会して行う会議法としてもロジカル・ブレスト法は応用可能です。

応用方法の説明に入る前に、産業界の会議の動向と日本の会議文化について少し見ておきたいと思います。日本の企業には、海外とのビジネスを展開する上で必要との認識から、議論の方法としてディベートを導入する動きがこれまでにもありました。大学教育のなかでもカリキュラムに導入しているという話をよく聞きます。大学病院の教授からも学内に導入の動きがあり、あまり賛成できないがどう思うかと聞かれたことがあります。

ディベートの持つ批判精神や批判によって問題を深く解明し、問題解決のよりよい選択肢を生み出していくという効用は否定できません。だが感情と理性の連続性が高い日本人には、根拠を持った批判のやり取りがやがて感情的な応酬に取って代わり、挙句は喧嘩沙汰の事態を招きかねません。日本人にはディベートはどうにも馴染まないように思います。

古来日本の村では「寄りあい」で取り決めごとがなされてきたという伝統があります。日本列島をくまなく歩き、その跡を赤い線でたどると日本地図が真っ赤になるといわれた宮本常一《つねいち》氏という民俗学者がいます。氏の著書『忘れられた日本人』には、離島である対《つし》馬《ま》の集落を訪ねたときの話が紹介されています。

集落の古文書資料を借り出そうとしたとき、寄りあいの承認が必要だということで、彼は丸二日がかりで村人が協議する場面に立ち会いました。別の集落でも同様に資料を借り出そうとしたら、村役の人が別の島から船で来ました。寄りあいに参加した全員が納得するまで話し合いが行われていたといいます。時代を遡れば、「そういう会合では郷士も百姓も区別はなかったようである。領主－藩士－百姓という系列の中に置かれると、百姓の身分は低いものになるが、村落共同体の一員ということになると発言は互角だったようである」「反対の意見が出れば出たで、しばらくそのままにしておき、そのうちに賛成意見が出ると、またそのままにしておき、それについてみんなが考え合い、最後に最高責任者に決をとらせるのである」（宮本一九八四）。

このように、平等かつ民主的に意見交換や決定がなされたようです。

しかし時間が勝負の現代社会では、関係者が二日がかりでゆるゆると協議する余裕がないのも事実です。それを踏まえると、古来日本人に馴染んできた「寄りあい」文化の延長線上で、スピーディかつ平等で民主的な意見交換や決定の方法が求められます。

ロジカル・ブレスト法は、この期待に応える会議法として応用できます。運営ルールはいたって簡単です。

司会のルール

（1）思考の三角形①の「問題・悩み・疑問」を準備する。例えば、商品企画の場合は、①コンセプト、②顧客対象、③仕様、④デザイン、⑤価格など、議論すべき問いを用意し、「ところで」の接続詞で議論を促します。
（2）参加メンバーに発想リレー（接続詞を用いながら「思考の三角形」を連鎖する）を行ってもらう。必要に応じ、接続詞（誘引詞）を使って水先案内をします。

メンバーのルール
（1）司会者による、①の問題・悩み・疑問の提示を受けて、②と③の情報をできるだけセットにして発言します。
（2）互いに他のメンバーの②と③の情報のセットの発言を受けて、③を①とみなして②と③の情報をセットにして発言します。
（3）発想リレーは、最初は順番にリレーして一巡してから、それ以降はスクランブルよろしくメンバー間で自由にバトンタッチします。
（4）ときには、「ところで」の接続詞を用いて、①の問題・悩み・疑問を提示します。
（5）意見交換の前提として、「批判を禁ず」を基本ルールにします。

ルールの（5）に「批判を禁ず」がありますが、「発想原理の四タイプ」のなかのAタイプとCタイプの②は「反対・対立・矛盾」の情報なので、ディベートにおける批判の機能を内在させています。しかし批判の機能を持ちつつも、②と③の情報をできるだけセットにすることで、「反対・対立・矛盾」の②が相手の③の批判にならないですみます。このような仕組みによって、批判機能を内在させつつ、発想を促すことができる会議法にすることができます。

アメリカ発のブレーンストーミング（通称BS）のように、アイデア開発のための日本発の会議法としてロジカル・ブレスト法を役立ててもらえたらと思います。

†コーチング、カウンセリングに応用

ロジカル・ブレスト法は、コーチングやカウンセリングにも応用できます。

ロジカル・ブレスト法の「思考の三角形」の展開構造として図示（図21）したデータの仕組みを、教育・指導の観点からはどのように育成できるか、整理すると次のようになるのではないかと思います。

思考の三角形の①——問題・悩み・疑問＝体験・経験を通して培われる。

思考の三角形の②——情報・知識、事実・体験・経験、制約条件、リスクなど＝体験・経験と情報・知識の学習によって習得できる。

思考の三角形の③――仮説（掘り下げ、気づき、解釈、仮説）とアイデア（こうしたらいいという解決案）＝持ち前の能力か訓練によって発想する力が開発される。

このように整理してみると、①は問題意識の形成であることから直接的に指導することはなかなか難しいといえます。当事者が体験・経験を通して感じ取り、養うしかないと思います。もちろんそのための場の設営はある程度可能かもしれません。

②は、現在学校教育等で定型的に行っているいわゆる「知識教育」が得意とするところです。③は、まさに考える力で、相手に考えさせる指導とは、この③の開発をすることと解することができます。

そうなると、必然的に指導の道具は「思考の三角形」に対応した「接続詞」になります。指導者が自分に向けて誘引の機能を持つ接続詞を使うのではなく、相手に対して使うのです。ここでは「接続詞」で相手を誘引しながら「思考の三角形」の連鎖を促します。必要に応じて②の情報を提供しつつ相手に③を発想してもらいます。③は基本的には相手がすべて発想するのがいいと思いますが、必要に応じて指導者が見本を示すこともあります。加えて、「ところで」という接続詞を用いて考える幅を広げる促しも必要です。つまり、接続詞の使い方こそが相手に考えさせる指導の要となります。

ロジカル・ブレスト法は自己（意識）ともう一人の自己（無意識）との対話の技術です。もう一人の自己を他者に置き換えれば、他者との対話の技術でもあると捉えることができます。

このような指導、育成法は、コーチングやカウンセリングに通じる方法にもなります。コーチングは対象者が目標を達成するための支援と言われています。「思考の三角形」の③を本人自身が考え出し、確信をもって努力します。その支援は同じ仕組みだと思います。

一方カウンセリングは、心あるいは精神的病の治療を目的としています。臨床心理学の学派によって様々なアプローチがありますが、共通して言えることは、相手に向き合う「傾聴」の姿勢にあるのではないかと思います。相手が自らの心根《こころね》を語るなかで「気づき」が起こり、自ずと悩みや精神的病を解消し回復していく。わたしは臨床心理の専門家ではないのでこれ以上は踏み込めませんが、このような捉え方をした場合、ロジカル・ブレスト法は相手の気づきを導く対話法として、カウンセリングにも役立つのではないでしょうか。

発想の整理法の研修指導を長年続けていて、なぜか時折、受講者から悩み相談の電話がかかってきます。基本は傾聴の姿勢で応対し、そしてロジカル・ブレスト法を少し意識して話すようにしています。

「なるほど……、そうですか……。それで……、それから……。とするとどうなのかな、……、なるほどね。……で、どうするの……」

このような感じで対応しているように思います。ここでは少し単純化していますが、実際には相手の状況によって、もう少しわたしの方から情報を加えながら対応しています。

このようなささやかな体験から考えても、臨床心理の現場でも役立つのではないでしょうか。そこまで専門的ではなくても、友だちや職場のなかで心の悩みを相談されたときに、ロジカル・ブレスト法を応用してみていただくといいと思います。

†考える力の育成に応用

二〇一九年一二月に公表された経済協力開発機構（OECD）の国際的な学習到達度調査（PISA）では、日本は、数学的リテラシーと科学的リテラシーは世界トップレベルを維持していますが、読解力は一五位で順位を下げています。根拠を示しながら自分の考えを他者に伝わるように記述する力が弱く、思考力や表現力が伸び悩んでいます（「朝日新聞」二〇一九年一二月四日）。

ロジカル・ブレスト法は、根拠を示しながら自分の考えを記述する力、思考力、表現力を伸ばす「ドリル」としても応用できます。エクセルのセルの二行の構造がそれを可能にします。左の行には、②の情報として「知識や情報、事実や体験・経験、現実的な制約条件、リスクなど」が入ります。これを発想の跳躍台にして、③の情報として「仮説（掘り下げ、気づき、解釈、仮説的な見方）」か「アイデア（こうしたらいいという解決案）」が入ります。②と③の関係に着目してみると、②は③の「根拠」になります。かつ③は「自分の考え」になります。

加えて、記述する情報は六〇～八〇字を目安に、現場がリアルに見えるように記述することをルールにしています。これによって思考を深める効果と他者に伝わる記述が可能になります。

なお①には、「問題・悩み・疑問」が入ります。これは、考える当事者の興味・関心・好奇心、問題意識を意味します。あるいは、教育現場で提示する課題になります。

近い将来、ロジカル・ブレスト法を用いた思考訓練のドリル教材を開発できればと考えています。それを待つまでもなく、教育現場での思考訓練の道具として応用してもらえたらと思います。

†イノベーションに応用

ここまではロジカル・ブレスト法の応用について解説してきました。次はコスモス法ですが、これはイノベーションにも応用できます。研修段階での目を見張るケースでその可能性を見てみたいと思います。

ある製薬メーカーの中央研究所のメンバー二〇人ほどを対象に、コスモス法の研修を行ったことがあります。テーマは「生活者にとって身近な市販医薬製品の開発」でした。全裁大の模造紙を用い、コスモス法の展開によって一〇八枚のカードを出すことを目標に取り組んでもらいました。

製品開発なので、コンセプトから始まり、販売ターゲット、成分仕様の設計、製品のデザイン、パッケージデザイン、製造方法、販売方法など、多角的に思考が展開されました。目を見張ったのは、図やイラストがカードのなかに頻繁に登場したことです。ほとんどの受講者に共通して登場したことに驚かされました。

終了後に研修の感想を聞いたのですが、「製品の具体的なイメージが膨らんだ」「今まで思いもつかなかったアイデアが少し出た」「発表を通して、自分の製品企画案が他の人によく理解してもらえた」「さらに模造紙を替えて、具体的にアイデアを詰めてみたい課題も見えてきた」といった声が聞かれました。

検討結果が実際にどのように活かされたのかは、企業秘密もあって確認はとれていませんが、コスモス法の応用の可能性を感じたケースです。

イノベーションは産業界の主戦場ですが、図やイラストを用いたコスモス法の応用は一つの武器になるのではないかと思います。

✝学術研究に応用

学術研究とは、研究テーマのもとで、研究目的に沿って研究疑問を解くことです。第二章で解説した質的統合法は、問題意識にもとづく研究疑問の角度から現場で収集したデータをまとめ、実態を構造的に把握する方法です。そしてその実態が何を意味するのか、あるいはそこにどのような普遍的な原理が存在するのか、理論や法則の構築、問題解決型の実践的なテーマでは実態の要因や原因は何か、を考察によって明らかにします。

ロジカル・ブレスト法とコスモス法はこの考察に役立つ方法です。第二章の「問2」の「高齢者本人から捉える健康の視点」は質的統合法を用いた実態把握の事例です。そして、その実態把握を受けて考察した第三章の「問3」がロジカル・ブレストの事例になります。なお、ここでの研究は質的研究に位置づけられます。第一章で説明しましたが、量的研究と対をなす研究法になります。

以下に、質的統合法とロジカル・ブレスト法、コスモス法を学術研究に応用する上での要領と留意点について三つの角度から解説します。

第一に、データは「現象の記述」と「問題意識」がセットになってはじめて成立するということです。写真データを例に考えてみます。

実態は全方位的に広がっています。わたしたちはその姿を、個人的な問題意識の角度から写真に撮影します。撮影された写真を見ると、そこには全方位のうちの一角であり、同時にわたしたちの問題意識の一角が映り込んでいます。このように写真は問題意識と現象の二重構造で成り立っています。その証拠に、プロのカメラマンが撮影した写真を鑑賞して涙を流す人がいます。映っているのは現象の映像なのですが、そこに映り込んだカメラマンの問題意識に心の琴線《きんせん》が共鳴し涙を誘うのだと考えられます。

このことは写真に限らず、現場から取材してきた記述データも同様に、現象の記述と問題意識がセットになっていると考えることができます。このデータを「質的データ」あるいは「定性的データ」と呼びます。

これが質的統合法を用いてデータをまとめる前提となります。

第二に、「質的研究は主観的であり、客観的でないので科学的な学術研究に値しない」という批判にどう答えるかという問題です。これを解くカギは、実態把握は「主観性」と「客観性」の両輪によって成り立つ、ということです。図31をご覧ください。

図31の左から二つ目は問題意識の鏡です。そこから問題意識を右側の対象の現象世界に

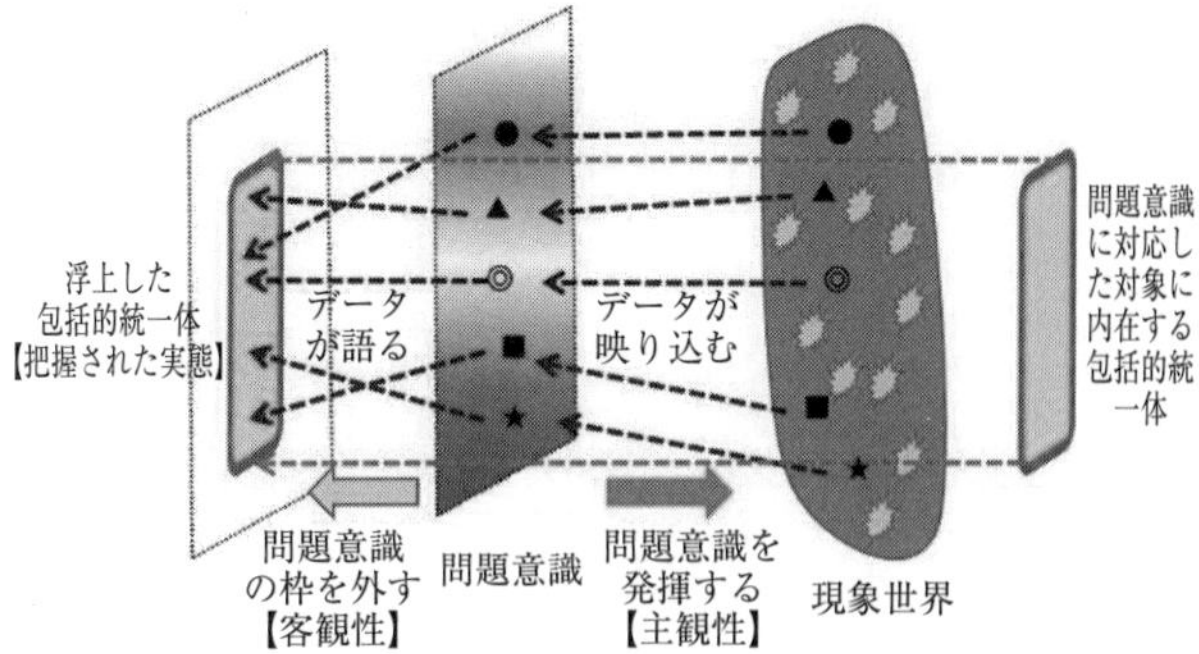
浮上した
包括的統一体
【把握された実態】
データ
が語る
データが
映り込む
問題意識
に対応し
た対象に
内在する
包括的統
一体
問題意識
の枠を外す
【客観性】
問題意識
問題意識を
発揮する
【主観性】
現象世界

図31　実態把握は主観性と客観性の両輪の発揮で成り立つ

発揮します。そうすると問題意識に対応した現象がデータとして問題意識の鏡に映り込みます。イメージとしては、スマートフォンの受信の原理に似ています。スマートフォンは自ら電波を発信するので発信局からの電波を受信できます。問題意識の発揮は電波の発信に相当します。発信局からの電波は現象にあたります。

ここで重要なことは、問題意識とはあくまで取材者個々人の意識であって、「主観性」以外の何ものでもないということです。このことから、取材にあたっては主観性を大いに発揮することが求められます。

一方で、データを元にして質的統合法でまとめる段階では、問題意識の枠を外すことが必要です。それによってデータ自らが語り、対象の現象世界の奥に内在する問題意識に対応した包括的な全体像が浮上してきます。ＫＪ法を創案した川喜田氏は、「己を空《むな》しうしてデータをして語らしめる」プロセスであるといいます。KJ法に準拠した質的統合法にも同様のことが当てはまります。「己を空しくする」とは主観性を排除して客観性を発揮することを意味します。これによって科学的な質的研究が成り立つと考えます。

つまり取材段階では「主観性」を発揮し、データをまとめる段階では「客観性」を発揮することで、実態は問題意識の鏡に対応した姿を現すことになります。それ故、問題意識が熟成し鮮明であるほど、受信感度が高まりよいデータが受信できることになります。このことから「幸運は熟成した問題意識に宿る」。こう考えると、わたしたちが存在するこの世界は、問題意識の在り様によっていかようにもその姿を現わすので、それを理解する研究テーマは無限にあるとも言えます。

第三は、考察は把握した実態をもとに研究疑問を解くことにあると考えます。図32をご覧ください。

研究疑問を解く考察の糸口は、三つほど考えられます。一つは、問題意識にもとづく研究疑問から生じる必然的な問いです。問題意識と浮上した対象に内在する包括的な全体像としての実態との対比から生じる疑問です。二つ目は、浮かび上がった実態と先行研究との類似と対比から生じる問いです。三つ目は、浮かび上がった実態を前にした、素朴かつ根源的な疑問や不思議感からの問いです。第三章の「問3」は、この三つ目の問いの例と

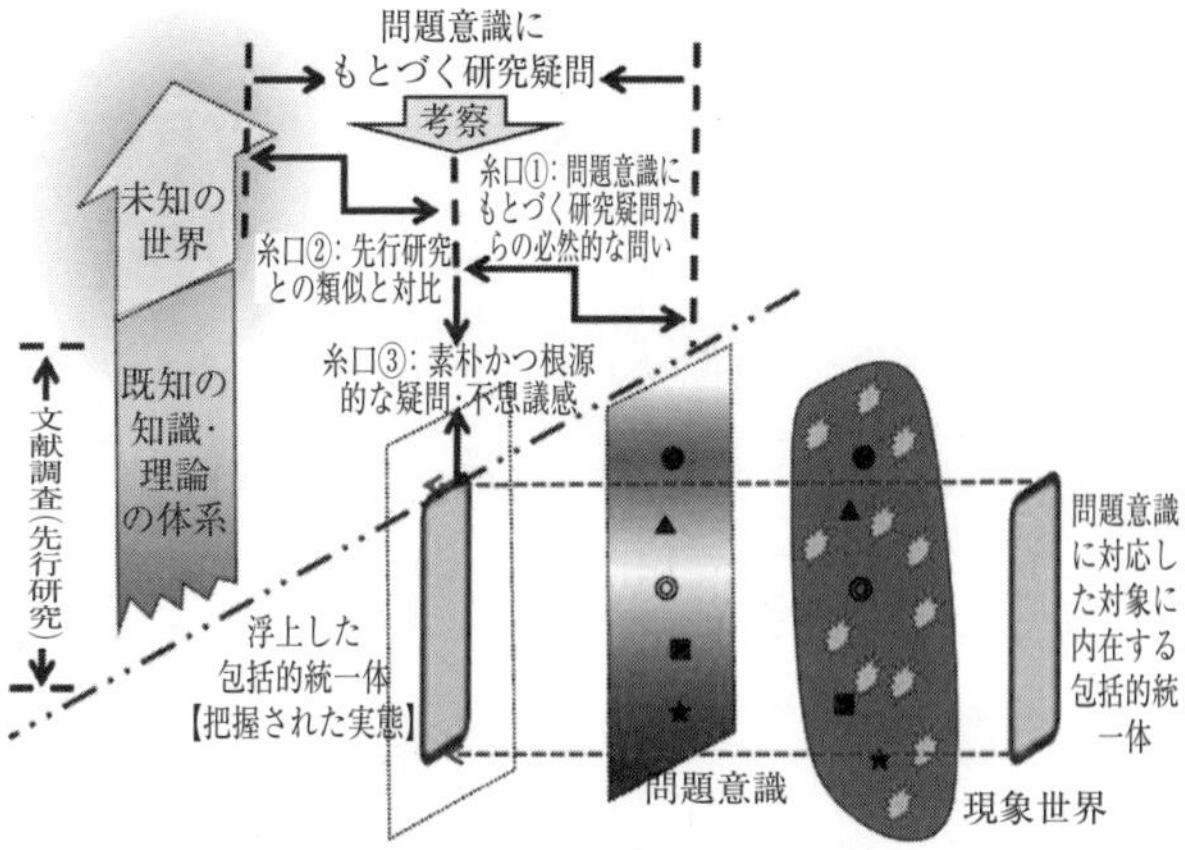
問題意識に
もとづく研究疑問
考察
未知の
世界
既知の
知識・
理論
の体系
文献調査（先行研究）
糸口①：問題意識に
もとづく研究疑問か
らの必然的な問い
糸口②：先行研究
との類似と対比
糸口③：素朴かつ根源
的な疑問・不思議感
浮上した
包括的統一体
【把握された実態】
問題意識
現象世界
問題意識
に対応し
た対象に
内在する
包括的統
一体

図32　考察は把握した実態をもとに研究疑問を解くことにある

言えます。

ロジカル・ブレスト法とコスモス法は、考察の有効な方法として活用できます。

職場や地域のワークショップに応用

第一章2節「集団・組織を生き生きさせる」のところで集団・組織の問題解決のひとつの方法として「寄りあいワークショップ」について解説しました。ここで使ったのは、写真を使った写真分析法とイラストを使った発想会議法です。しかもその基礎となる技術は質的統合法です。それらを組み合わせた集団・組織の問題解決法が「寄りあいワークショップ」になります。

地域社会は、少子高齢化、人口減少といった問題を抱えています。そのことにも起因してコミュニティの連帯感が失われ、地域としての将来のビジョンが描けないまま衰退の一途をたどっているように見えます。従来のように国や行政に依存していては状況が打開できないところまできています。住民が主体的に自分たちの将来のビジョンを描き、地域にある資源を活かした取り組みで地域を再び元気にしていく必要があります。「寄りあいワークショップ」はそのための方法として活用できます。

社会のIT化に伴い、職場での働き方は、パソコンとインターネットによって人が一堂に会さなくても事が運ぶようになってきています。並行して人々の価値観が多様化し、しかもそれが尊重される社会になりつつあります。フェイストゥーフェイスの仕事のやり方が縮小し、価値観の多様化が進む状況の中で、組織構成員の意識をどのようにまとめて運営していくのか、見通せない状況にあります。ここでも新たなビジョンを描き、一人ひとりがやりがいや生きがいを持って仕事に取り組める集団・組織の運営が必要となっています。「寄りあいワークショップ」はそのための方法としても活用できます。

†発想を実行して確かめる

最後に改めて問いたいと思います。わたしたちはなぜ、何のために「発想」するのでしょうか。

明治以来の人口増加、そして特に戦後は欧米先進国をモデルに右肩上がりの経済発展をとげてきた日本社会は、ここにきて人口がこれから一〇〇年間で半減するという推計が浮上しています。加えて、ＡＩに象徴される情報技術をはじめとしたテクノロジーが急速に進展しており、社会の先行きは予測が困難で、不確実性、不透明性が増し、その結果、この先の社会のビジョンが描けないでいます。それゆえに、わたしたち自身の手で次の社会を構想する必要性に迫られているからこそ、新たな「発想」が求められているのだと考えます。

このことをわたしたちの足元に引き寄せて考えてみるなら、日々の生活や業務のなかで発生する問題の解決、あるいは課題を達成するために、一人ひとりが現場に即した発想をしていくことが求められています。そして、発想した仮説や解決のアイデアが本当に正しいのか、実行し確かめて初めて発想したことに価値がでてくるのだと思います。

「発想の整理法」の応用版である「寄りあいワークショップ」を例にとるならば、可能な限り実践で取り組んでいる様子や結果、成果、さらには新たに見えてくる課題を写真に撮影し、それらの写真を持ち寄って分析し、結果の検証を行います。そうすることで自分たちが考えたことが適切だったのか、適切でなければ何が要因でどのようにすればいいのか、検討します。写真で実践結果の検証をすることで、次に何をしたらいいかイメージしやすく、新しい発想が生まれやすいのです。そして、次に向けての実行計画を立案するようにしています。

このようにして問題解決や課題達成のサイクルを地域や職場のなかに作り込むことが、発想の整理法を活かす道筋だと思って取り組んでいます。もちろん個々人の人生の取り組みのなかにもこのようなサイクルを作り組むことを勧めたいと思います。

そしてこのような、個人や地域、職場での個々の取り組みの延長線上に、次の社会の方向性がやがて浮上してくるのではないかと思います。別な観点から言えば、変化が激しく先の見えない時代状況にあっては、いきなり次の社会のビジョンを構想することは難しいと考えるからです。つまり、草の根的な実践の積み上げの延長線上からしか、先は見通すことはできないのではないでしょうか。

わたしたちの潜在能力は無限大です。それを信じ、本書で紹介した「発想の整理法」を、ＡＩに負けない社会づくりの武装の一助にしていただけたらと思います。

おわりに

わたしが学生時代を過ごした一九六〇年代中頃から一九七〇年代初めは、学園紛争が激しい時代でした。学生の生活改善や世界平和、政治改革といった幅広い問題提起から大学当局や国との闘争という側面を持っていました。東京・お茶の水の学生街は、学生と機動隊がぶつかり、火炎瓶や道路のレンガを学生が投げ、機動隊は放水と催涙弾で対抗する状況でした。大学は学生によるロックアウトで学内に入ることができず、授業の半分は開催されずレポート提出の連続で卒業しました。

師事した川喜田二郎氏は、学園紛争において大学教員の立場から学生に相対し、団体交渉にも真正面から対応し、問題の本質は現代文明の行き詰まりにあると見定めて、「移動大学」という新しい大学を求めて立ち上がりました。日本列島を教科書にして、課題を抱える地域をフィールドに二週間テント張りの生活で、問題解決学とKJ法を用いて課題解決に挑み、学生の養成と地域への提言を行う事業でした。全国から一八歳以上の人を対象に一〇八名を募集。わたしは新聞記事でこのことを知りました。「ここには時代の閉塞感を切り開く何かがある」と直感し、応募して運よく参加することができました。

大学を卒業するにあたり、ほとんど学問を学べなかった経験から、もう少し勉強をしたいと思い、移動大学の事務局に職を得たいと思いましたが、財政上難しい状況でした。このとき川喜田氏から「わたしが主宰する研究所に来ないか」と声をかけていただき、その後二〇年間在籍することになりました。以来、直伝を受けながらKJ法の普及と研究に没頭しました。

その後、KJ法を実践するために二〇年を区切りに研究所を離れ、地域再生の支援と看護系の質的研究の支援、企業や行政をはじめとした組織の創造性開発を主眼とした人材育成に携わってきました。この実践を通して発想の整理法として開発してきたものが、本書の内容です。

折しも二〇二〇年は、川喜田氏の生誕一〇〇年を迎えます。本書で解説したKJ法に準拠した質的統合法を通して、川喜田氏が創案した「渾沌をして語らしめるKJ法」が正しく再評価され、一九七〇年代から八〇年代にかけて日本社会に普及したその勢いを取り戻してほしいと願っています。二〇二〇年代は、AIに象徴される情報技術（IT）をはじめとしたテクノロジーの進展に伴い、先行きが予測困難で、不確実性、不透明性が増す渾沌とした社会状況であることは「はじめに」でもお伝えしました。「渾沌をして語らしめるＫＪ法」と、それに準拠した質的統合法、さらには深く考えるためのロジカル・ブレスト法とコスモス法が、この渾沌とした社会を打開する武器として活用されることを願っています。

なお、本書の執筆を終える時点で、新型コロナウイルス問題が世界を襲い、わたしたちの命を脅かす事態になっています。医療関係者をはじめ第一線で対応している人たちの尽力に感謝しています。本書はこの歴史的な大問題に直接的には貢献できませんが、終息後の新しい時代を切り開く発想法としても役立つと確信していますし、そのような観点から役立てていただけることを願っています。

本書の執筆にあたっては、ロジカル・ブレスト法とコスモス法の現在の姿を体験してもらう場を設営し、その長所・短所と適用の可能性を評価していただきました。場の設営については、明星大学の石戸康弘非常勤講師と看護質的統合法（ＫＪ法）研究会会長・山梨県立大学大学院の佐藤悦子教授、研究会関東支部の支援をいただきました。収録した事例と感想・評価は、そのときの参加者のものです。併せて、いくつかの組織からも関連する図や写真を提供いただきました。この場を借りて改めて御礼申し上げます。

加えて、考察法としての長所・短所と可能性についての検討会も看護質的統合法（ＫＪ

法）研究会の千葉大学大学院看護学研究科グループの協力のもとに開催していただき、貴重なアドバイスをいただきました。千葉大学大学院の正木治恵教授、大原裕子特任准教授、山﨑由利亜助教、山形県立保健医療大学の遠藤和子教授、東邦大学の高橋良幸准教授、大阪大学の河井伸子講師に御礼を申し上げます。

本書の編集を担当してくださった筑摩書房ちくま新書編集部の松田健編集長と山本拓さんのお力添えにも感謝しています。

私事になりますが、妻喜久子と子供たち、孫たちの支えがあったことも申し添えたいと思います。

最後に、すでに他界された恩師川喜田二郎先生に、生誕一〇〇年を記念しつつ、これまでのご指導に感謝を込めて、本書を世に送り出したいと思います。

二〇二〇年春　甲府盆地　情報工房にて

山浦晴男

参考文献

浅田彰・黒田末寿・佐和隆光・長野敬・山口昌哉『科学的方法とは何か』（中公新書、一九八六年）
安宅和人『イシューからはじめよ――知的生産の「シンプルな本質」』（英治出版、二〇一〇年）
新井紀子『AI VS. 教科書が読めない子どもたち』（東洋経済新報社、二〇一八年）
伊賀泰代『採用基準――地頭より論理的思考力より大切なもの』（ダイヤモンド社、二〇一二年）
石黒圭『書きたいことがすらすら書ける！「接続詞」の技術』（実務教育出版、二〇一六年）
伊藤邦武『プラグマティズム入門』（ちくま新書、二〇一六年）
井上智洋『人工知能と経済の未来――2030年雇用大崩壊』（文春新書、二〇一六年）
上野千鶴子『情報生産者になる』（ちくま新書、二〇一八年）
臼井儀人『クレヨンしんちゃん――トラベルはトラブル⁉編』（双葉社、二〇〇七年）
岡村道雄『日本の歴史01――縄文の生活誌』（講談社、二〇〇〇年）
小澤敬也監修、室井一男・鈴木典子編『医師と看護師のための造血幹細胞移植』（医学ジャーナル社、二〇〇三年）
河合隼雄「無意識の視点」『こころの科学27』（日本評論社、一九八九年）
川喜田二郎『発想法――創造性開発のために』（中公新書、一九六七年）
川喜田二郎『続・発想法――KJ法の展開と応用』（中公新書、一九七〇年）

川喜田二郎『KJ法――渾沌をして語らしめる』（中央公論社、一九八六年）
國弘正雄・千田潤一監修『英会話・ぜったい――音読 続入門編』（講談社インターナショナル、二〇〇四年）
グレッグ美鈴・麻原きよみ・横山美江編著『よくわかる質的研究の進め方・まとめ方――看護研究のエキスパートをめざして（第二版）』（医歯薬出版、二〇一六年）
ヨハン・ヴォルフガング・フォン・ゲーテ『若きウェルテルの悩み』（井上正蔵訳、旺文社文庫、一九六五年）
齋藤孝『思考を鍛えるメモ力』（ちくま新書、二〇一八年）
坂井隆之・宮川裕章『AIが変えるお金の未来』（文春新書、二〇一八年）
榊原英資・竹中平蔵・田原総一朗『AIと日本企業――日本人はロボットに勝てるか』（中公新書ラクレ、二〇一八年）
菅原裕子『コーチングの技術――上司と部下の人間学』（講談社現代新書、二〇〇三年）
鈴木貴博『「AI失業」前夜――これから5年、職場で起きること』（PHPビジネス新書、二〇一八年）
鈴木竜「無意識と神経症」（『こころの科学27』日本評論社、一九八九年）
『世界大百科事典』（平凡社、一九七二年）
田坂広志『「暗黙知」の経営――なぜマネジメントが壁を超えられないのか?』（徳間書店、一九九八年）
手塚治虫『W3（ワンダースリー）（第一巻）』（秋田書店、一九六八年）
手塚治虫『マンガの描き方――似顔絵から長編まで』（光文社文庫、一九九六年）

時実利彦『脳の話』（岩波新書、一九六二年）
鳥田美紀代・正木治恵・谷本真理子・黒田久美子・張平平「高齢者本人から捉える健康の視点」『第二九回日本看護科学学会学術集会講演集』（二〇〇九年）
外山滋比古『思考の整理学』（ちくま文庫、一九八六年）
中谷巌『「AI資本主義」は人類を救えるか――文明史から読みとく』（NHK出版新書、二〇一八年）
西垣通『ビッグデータと人工知能――可能性と罠を見極める』（中公新書、二〇一六年）
西垣通『AI原論――神の支配と人間の自由』（講談社選書メチエ、二〇一八年）
日本経済新聞景気動向班「苦悩する日本経済1」（『日本経済新聞』一九九八年七月二日）
「働き方の未来2035――一人ひとりが輝くために」懇談会『「働き方の未来2035」報告書』（厚生労働省、二〇一六年）
弘兼憲史『課長島耕作1』（講談社、一九八五年）
藤子・F・不二雄『ドラえもん』（第四五巻）（小学館、一九九六年）
町沢静雄「精神症状と神経症」『こころの科学27』（日本評論社、一九八九年）
松原仁『AIに心は宿るのか』（インターナショナル新書、二〇一八年）
丸山晋『精神保健とKJ法』（啓明出版、二〇〇三年）
三木成夫『胎児の世界――人類の生命記憶』（中公新書、一九八三年）
宮崎正弘『AI監視社会・中国の恐怖』（PHP新書、二〇一八年）
宮本常一『忘れられた日本人』（岩波文庫、一九八四年）
森川幸人『イラストで読むAI入門』（ちくまプリマー新書、二〇一九年）

山浦晴男『ビジネスマンのための自分の考えを深める技術――発想が広がる、解決法が見える』（PHP研究所、一九九八年）
山浦晴男『本当に役立つ！エクセルでできる文書データ活用術』（日本経済新聞社、二〇〇一年）
山浦晴男『思考を分析する』（前田マスヨ責任編集「TEAM BUILDING for nurse」4、第一講）（テクノコミュニケーションズ、二〇〇九年）
山浦晴男『住民・行政・NPO協働で進める　最新　地域再生マニュアル』（朝日新聞出版、二〇一〇年）
山浦晴男『質的統合法入門――考え方と手順』（医学書院、二〇一二年）
山浦晴男『地域再生入門――寄りあいワークショップの力』（ちくま新書、二〇一五年）
山口周『世界のエリートはなぜ「美意識」を鍛えるのか？――経営における「アート」と「サイエンス」』（光文社新書、二〇一七年）
山口周『ニュータイプの時代――新時代を生き抜く24の思考・行動様式』（ダイヤモンド社、二〇一九年）
山口拓朗『文章が劇的にウマくなる「接続詞」』（明日香出版社、二〇一九年）
湯川秀樹『創造への飛躍』（講談社文庫、一九七一年）
吉岡友治『文章が一瞬でロジカルになる接続詞の使い方』（草思社、二〇一七年）
米山公啓『AI時代に「頭がいい」とはどういうことか』（青春新書インテリジェンス、二〇一八年）

ちくま新書
1505

発想《はっそう》の整理《せいり》学《がく》
——AIに負《ま》けない思《し》考法《こうほう》

二〇二〇年七月一〇日　第一刷発行

著者　山浦晴男（やまうら・はるお）

発行者　喜入冬子
発行所　株式会社 筑摩書房
東京都台東区蔵前二‐五‐三　郵便番号一一一‐八七五五
電話番号〇三‐五六八七‐二六〇一（代表）
装幀者　間村俊一
印刷・製本　三松堂印刷 株式会社

ISBN978-4-480-07328-0 C0295

ちくま新書

1151
地域再生入門
――寄りあいワークショップの力
山浦晴男

全国どこでも実施できる地域再生の切り札「寄りあいワークショップ」。住民全員が連帯感をもってアイデアを出しあい、地域を動かす方法と成功の秘訣を伝授する。

1104
知的生活習慣
外山滋比古

日常のちょっとした工夫を習慣化すれば、誰でも日々向上できるし、人生もやり直せる。『思考の整理学』の著者が齢九十を越えて到達した、知的生活の極意を集大成。

1092
戦略思考ワークブック【ビジネス篇】
三谷宏治

Suica自販機はなぜ1・5倍も売れるのか？　1着25万円のスーツをどう売るか？　20の演習で、明日から使える戦略思考が身につくビジネスパーソン必読の一冊。

1404
論理的思考のコアスキル
波頭亮

ホンモノの論理的思考力を確実に習得するための決定版！　必須のスキル「適切な言語化」「分ける・繋げる」「定量的判断」と、その具体的トレーニング方法を指南する。

1200
「超」入門！　論理トレーニング
横山雅彦

「伝えたいことを相手にうまく伝えられない」のはなぜか？　日本語をロジカルに運用し、論理思考をコミュニケーションとして使いこなすためのコツを伝授！

1352
情報生産者になる
上野千鶴子

問いの立て方、データ収集、分析、アウトプットまで、新たな知を生産し発信するための方法を全部詰め込んだ一冊。学生はもちろん、すべての学びたい人たちへ。

110
「考える」ための小論文
西研
森下育彦

論文を書くことは自分の考えを吟味するところから始まる。大学入試小論文を通して、応用のきく文章作法を学び、考える技術を身につけるための哲学的実用書。

993
学問の技法
橋本努
学問の王道から邪道まで、著者自身の苦悩から生み出されたテクニックを満載！　大学生はもちろん社会人も、読めば学問がしたくてしょうがなくなる、誘惑の一冊。

1088
反論が苦手な人の議論トレーニング
吉岡友治
「空気を読む」というマイナスに語られがちな行為は、実は議論の流れを知るための技でもあった！　ツッコミから反論、仲裁まで、話すための極意を伝授する。

1307
身体が生み出すクリエイティブ
諏訪正樹
クリエイティブは、身体とことばの共存が生み出すのではないか。着眼と解釈のこつを身につけ、なんでも試してみる習慣にすることで、人はもっと創造的になれる。

1380
使える！「国語」の考え方
橋本陽介
読む書く力は必要だけど、授業で身につくの？　小説と評論、どっちも学ばなきゃいけないの？　国語にまつわる疑問を解きあかし、そのイメージを一新させる。

1390
これなら書ける！　大人の文章講座
上阪徹
「人に読んでもらえる」文章を書くには、どうしたらいいか？　30年プロとして書いてきた著者が、33の秘訣を大公開！　自分の経験を「素材」に、話すように書こう。

1417
対話をデザインする
――伝わるとはどういうことか
細川英雄
対話の基本は「あなた自身にしか話せないこと」を見つけることです。そこから始めて話題設定、他者との関わり、納得と合意の形成まで、対話の根本を考えます。

1453
人間のトリセツ
――人工知能への手紙
黒川伊保子
AIと人間は、こんなに違う!!　黎明期からのAI開発研究者が断言する、ほんとうの境界とは。「人工知能に何をさせないか」が分かる、人類初のトリセツ。